66 매일 성

완자

공부력

Q 왜 공부력을 키워야 할까요?

쓰기력

정확한 의사소통의 기본기이며 논리의 바탕

연필을 잡고 종이에 쓰는 것을 괴로워한다!
맞춤법을 몰라 정확한 쓰기를 못한다!
말은 잘하지만 조리 있게 쓰는 것이 어렵다!
그래서 글쓰기의 기본 규칙을 정확히 알고
써야 공부 능력이 향상됩니다.

어휘력

교과 내용 이해와 독해력의 기본 바탕

어휘를 몰라서 수학 문제를 못 푼다!
어휘를 몰라서 사회, 과학 내용 이해가 안 된다!
어휘를 몰라서 수업 내용을 따라가기 어렵다!
그래서 교과 내용 이해의 기본 바탕을
다지기 위해 어휘 학습을 해야 합니다.

독해력

모든 교과 실력 향상의 기본 바탕

글을 읽었지만 무슨 내용인지 모른다!
글을 읽고 이해하는 데 시간이 오래 걸린다!
읽어서 이해하는 공부 방식을 거부하려고 한다!
그래서 통합적 사고력의 바탕인 독해 공부로
교과 실력 향상의 기본기를 닦아야 합니다.

계산력

초등 수학의 핵심이자 기본 바탕

계산 과정의 실수가 잦다!
계산을 하긴 하는데 시간이 오래 걸린다!
계산은 하는데 계산 개념을 정확히 모른다!
그래서 계산 개념을 익히고 속도와 정확성을
높이기 위한 훈련을 통해 계산력을 키워야 합니다.

세상이 변해도
배움의 즐거움은
변함없도록

시대는 빠르게 변해도
배움의 즐거움은
변함없어야 하기에

어제의 비상은
남다른 교재부터
결이 다른 콘텐츠
전에 없던 교육 플랫폼까지

변함없는 혁신으로
교육 문화 환경의 새로운 전형을
실현해왔습니다.

비상은 오늘, 다시 한번
새로운 교육 문화 환경을 실현하기 위한
또 하나의 혁신을 시작합니다.

오늘의 내가 어제의 나를 초월하고
오늘의 교육이 어제의 교육을 초월하여
배움의 즐거움을 지속하는 혁신,

바로, 메타인지 기반 완전 학습을.

상상을 실현하는 교육 문화 기업 비상

메타인지 기반 완전 학습

초월을 뜻하는 meta와 생각을 뜻하는 인지가 결합한 메타인지는
자신이 알고 모르는 것을 스스로 구분하고 학습계획을 세우도록 하는
궁극의 학습 능력입니다. 비상의 메타인지 기반 완전 학습 시스템은
잠들어 있는 메타인지를 깨워 공부를 100% 내 것으로 만들도록 합니다.

완자

공부력

초등 국어
독해 3A

초등 국어 독해
3A, 3B, 4A, 4B 글감 구성

국어 교과 글감

		3학년 수준				4학년 수준
말하기	3B	01 상대방을 배려하는 말하기		문법	4A	10 세종 대왕을 만나다
	3B	08 초등학생의 휴대 전화 사용은 바람직한가			4B	13 우리말, 어떻게 쓰고 있을까?
문학	3A	10 가난한 양반 형제 이야기		문학	4A	05 만덕 할망 이야기
	3A	20 설문대 할망 이야기			4A	15 영웅일까, 도둑일까?
쓰기	3A	04 서연이에게 보내는 편지			4B	05 정홍순 딸의 혼례 이야기
	3B	20 융건릉을 다녀와서		읽기	4A	20 조선을 사랑한 서양인, 어니스트 베델
	3A	01 우리가 꿈꾸는 놀이터 만들기			4B	03 이런 명언 들어 봤니?
	3A	06 이제부터 집중할 거야			4B	10 바보 의사 장기려
	3A	15 수화로 숫자 표현하기				
읽기	3A	17 위대한 과학자, 마리 퀴리				
	3B	04 사려 깊은 노랑 물고기				
	3B	13 스티븐 호킹 박사 이야기				
	3B	16 웃음의 다양한 의미				

사회 교과 글감

		3학년 수준				4학년 수준
사회·문화	3A	08 키우지 않는 용기		사회·문화	4A	01 어디서 왔을까?
	3A	09 세계의 아침 식사			4A	04 당신의 공공 예절은?
	3A	19 세시 풍속이 궁금해			4A	09 세계 1등을 찾아라
	3B	14 아플 때 먹는 세계의 음식			4A	12 색다른 면 요리
생활	3A	02 자전거, 알아야 안전해요			4B	02 세계를 위해 일하는 NGO
	3A	07 도서관에 가자			4B	08 나무의 꿈, 종이의 꿈
역사	3B	05 천 살이 넘은 축구			4B	09 뱅글뱅글, 어떤 팽이를 돌려 볼까?
	3B	12 조선 시대의 통신 수단			4B	19 올림픽은 어디에서 열릴까?
	3B	17 부채 이야기			4B	20 좋은 숫자, 나쁜 숫자
	3B	19 조선은 모자의 왕국		경제	4A	02 백화점의 비밀
지리	3A	03 하늘에서 본 우리 동네			4A	08 돈에는 누가?
	3A	11 서울은 왜 서울일까		생활	4B	01 즉석식, 어떻게 선택해야 할까?
	3B	03 작지만 큰 나라		역사	4B	06 고인돌을 아시나요?
	3B	10 계절마다 변해요			4B	14 창경궁과 만나다
				지리	4A	06 에티오피아에서 온 편지
					4A	13 나스카 라인의 미스터리
					4B	15 대동여지도 속 우리나라

과목별 공부 영역을 반영한 글감을 통해
풍부한 배경지식과 독해 실력을 키워요!

과학 교과 글감	3학년 수준			4학년 수준		
기술	3A	**05** 우연히 만들어진 안전유리	기술	4B	**07** 진짜? 가짜?
	3A	**12** 조선 시대의 냉장고	물리	4A	**16** 우리 생활 속에 숨어 있는 보색의 신비
	3B	**02** 무엇을 보고 만들었나		4B	**04** 빛의 마법
물리	3B	**06** 어른은 못 듣는 소리		4A	**03** 이런 식물도 있어
보건	3A	**16** 편두통의 원인과 예방법		4A	**11** 곤충도 먹을 수 있어
생물	3B	**09** 너는 무슨 형이야?	생물	4B	**11** 공룡을 만나요
	3B	**11** 개미와 꿀벌, 이렇게 산다		4B	**12** 공기의 몸속 여행
	3B	**15** 건강 지킴이, 세로토닌과 멜라토닌		4B	**18** 개미는 길을 어떻게 찾을까?
지구과학	3A	**14** 금성, 어디까지 알고 있니	지구과학	4A	**18** 사람이 만든 비
	3A	**18** 숨 쉴 수 있는 이유		4B	**16** 다양한 대체 에너지
	3B	**18** 바다 밖으로 나온 산		4B	**17** 태양계로 떠나자
			화학	4A	**07** 우리는 형제, 다이아몬드와 연필심
				4A	**17** 고무의 발견과 발전

수학 교과 글감	3학년 수준			4학년 수준		
수	3A	**13** 분수와 소수, 무엇을 쓸까	수	4A	**19** 피보나치수열 이야기

예체능 교과 글감	3학년 수준			4학년 수준		
미술	3B	**07** 도자기를 만드는 과정	미술	4A	**14** 선비들이 늘 곁에 둔 친구, 문방사우

특징과 활용법

하루 4쪽 공부하기

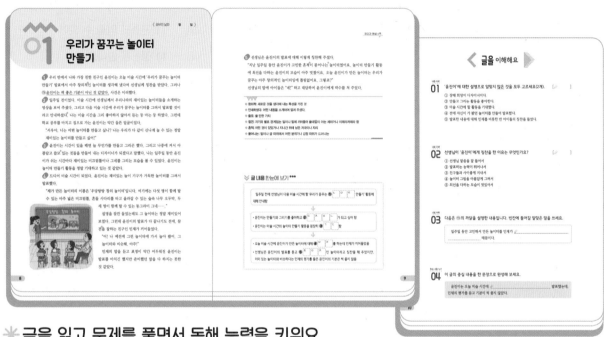

※ 글을 읽고 문제를 풀면서 독해 능력을 키워요.
※ [글 내용 한눈에 보기]를 통해 글의 구조를
파악하는 능력을 길러요.

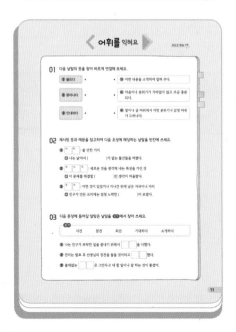

※ 글에 나온 어휘를 다양한 문제를
통해 재미있게 익혀요.

✅ 책으로 하루 4쪽 공부하며, 초등 독해력을 키워요!

✅ 모바일앱으로 공부한 내용을 복습하고 몬스터를 잡아요!

공부한 내용 **확인하기**

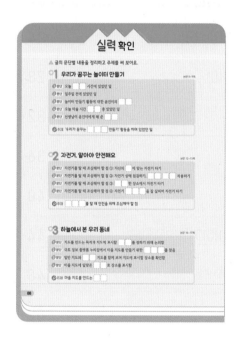

✳ 20일 동안 공부한 내용을 정리 💡
해 보며 자기의 실력을 확인해요.

모바일앱으로 **복습하기**

앱 다운받기

책 인증하기

✳ 그날 배운 내용을 바로바로,
또는 주말에 모아서 복습하고,
다이아몬드 획득까지! 💎
공부가 저절로 즐거워져요!

차례

일차	과목	영역	제목	쪽수	공부 확인
01	국어	읽기	우리가 꿈꾸는 놀이터 만들기	8	○
02	사회	생활	자전거, 알아야 안전해요	12	○
03	사회	지리	하늘에서 본 우리 동네	16	○
04	국어	쓰기	서연이에게 보내는 편지	20	○
05	과학	기술	우연히 만들어진 안전유리	24	○
06	국어	읽기	이제부터 집중할 거야	28	○
07	사회	생활	도서관에 가자	32	○
08	사회	사회·문화	키우지 않는 용기	36	○
09	사회	사회·문화	세계의 아침 식사	40	○
10	국어	문학	가난한 양반 형제 이야기	44	○
11	사회	지리	서울은 왜 서울일까	48	○
12	과학	기술	조선 시대의 냉장고	52	○
13	수학	수	분수와 소수, 무엇을 쓸까	56	○
14	과학	지구과학	금성, 어디까지 알고 있니	60	○
15	국어	읽기	수화로 숫자 표현하기	64	○
16	과학	보건	편두통의 원인과 예방법	68	○
17	국어	읽기	위대한 과학자, 마리 퀴리	72	○
18	과학	지구과학	숨 쉴 수 있는 이유	76	○
19	사회	사회·문화	세시 풍속이 궁금해	80	○
20	국어	문학	설문대 할망 이야기	84	○
	실력 확인			88	○

우리도 하루 4쪽 공부 습관!
스스로 공부하는 힘을
키워 볼까요?

큰 습관이
지금은 그 친구를 이끌고 있어요.
매일매일의 좋은 습관은 우리를 좋은
곳으로 이끌어 줄 거예요.

한 친구가
작은 습관을 만들었어요.

매일매일의 시간이 흘러
작은 습관은 큰 습관이 되었어요.

01 우리가 꿈꾸는 놀이터 만들기

① 우리 반에서 나와 가장 친한 친구인 윤진이는 오늘 미술 시간에 '우리가 꿈꾸는 놀이터 만들기' 발표에서 아주 창의적인 놀이터를 생각해 냈다며 선생님께 칭찬을 받았다. 그러나 ㉠<u>윤진이는 썩 좋은 기분이 아닌 것 같았다.</u> 사건은 이러했다.

② 일주일 전이었다. 미술 시간에 선생님께서 우리나라의 재미있는 놀이터들을 소개하는 영상을 보여 주셨다. 그리고 다음 미술 시간에 우리가 꿈꾸는 놀이터를 그려서 발표할 것이라고 안내하셨다. 나는 미술 시간을 그리 좋아하지 않아서 듣는 둥 마는 둥 하였다. 그런데 학교 공부를 마치고 집으로 가는 윤진이는 약간 들뜬 얼굴이었다.

"서우야, 너는 어떤 놀이터를 만들고 싶니? 나는 우리가 다 같이 신나게 놀 수 있는 정말 재미있는 놀이터를 만들고 싶어!"

③ 윤진이는 시간이 있을 때면 늘 무언가를 만들고 그리곤 했다. 그리고 나중에 커서 아름답고 쓸모 있는 것들을 만들어 내는 디자이너가 되겠다고 말했다. 나는 일주일 동안 윤진이가 쉬는 시간마다 재미있는 미끄럼틀이나 그네를 그리는 모습을 볼 수 있었다. 윤진이는 놀이터 만들기 활동을 정말 기대하고 있는 것 같았다.

④ 드디어 미술 시간이 되었다. 윤진이는 재미있는 놀이 기구가 가득한 놀이터를 그려서 발표했다.

"제가 만든 놀이터의 이름은 '우당탕탕 창의 놀이터'입니다. 여기에는 다섯 명이 함께 탈 수 있는 아주 넓은 미끄럼틀, 흔들 사다리를 타고 올라갈 수 있는 숲속 나무 오두막, 두 세 명이 함께 탈 수 있는 동그라미 그네……."

설명을 잠깐 들었는데도 그 놀이터는 정말 재미있어 보였다. 그런데 윤진이의 발표가 다 끝나기도 전에, 참견을 잘하는 친구인 민재가 끼어들었다.

"어! 나 예전에 그런 놀이터에 가서 놀아 봤어. 그 놀이터와 비슷해, 아주!"

민재의 말을 듣고 표정이 약간 어두워진 윤진이는 발표를 마치긴 했지만 준비했던 말을 다 하지는 못한 것 같았다.

5 선생님은 윤진이의 발표에 대해 이렇게 칭찬해 주셨다.

"지난 일주일 동안 윤진이가 고민한 흔적이 묻어나는 놀이터였어요. 놀이터 만들기 활동에 최선을 다하는 윤진이의 모습이 아주 멋졌어요. 오늘 윤진이가 만든 놀이터는 우리가 꿈꾸는 아주 창의적인 놀이터임에 틀림없어요. 그렇죠?"

선생님의 말에 아이들은 "네!" 하고 대답하며 윤진이에게 박수를 쳐 주었다.

◆ **창의적**: 새로운 것을 생각해 내는 특성을 가진 것
◆ **안내하셨다**: 어떤 내용을 소개하여 알려 주셨다.
◆ **쓸모**: 쓸 만한 가치
◆ **참견**: 자기와 별로 관계없는 일이나 말에 끼어들어 쓸데없이 아는 체하거나 이래라저래라 함
◆ **흔적**: 어떤 것이 있었거나 지나간 뒤에 남은 자국이나 자리
◆ **묻어나는**: 말이나 글 따위에서 어떤 분위기나 감정 따위가 드러나는

❤️ 글 내용 한눈에 보기 •••

일주일 전에 선생님이 다음 미술 시간에 할 '우리가 꿈꾸는 **❶** [ㄴ][ㅇ][ㅌ] 만들기' 활동에 대해 안내함

⬇

• 윤진이는 만들기와 그리기를 좋아하고 **❷** [ㄷ][ㅈ][ㅇ][ㄴ] 가 되고 싶어 함
• 윤진이는 미술 시간의 놀이터 만들기 활동을 굉장히 **❸** [ㄱ][ㄷ] 함

⬇

• 오늘 미술 시간에 윤진이가 만든 놀이터에 대해 **❹** [ㅂ][ㅍ] 를 하는데 민재가 끼어들었음
• 선생님은 윤진이의 발표를 듣고 **❺** [ㅊ][ㅇ][ㅈ] 인 놀이터라고 칭찬을 해 주었지만, 이미 있는 놀이터와 비슷하다는 민재의 평가를 들은 윤진이의 기분은 썩 좋지 않음

글을 이해해요

내용 이해
01 '윤진이'에 대한 설명으로 알맞지 <u>않은</u> 것을 모두 고르세요(2개). [✎   ]

① 장래 희망이 디자이너이다.
② 만들고 그리는 활동을 좋아한다.
③ 미술 시간에 할 활동을 기대했다.
④ 전에 자신이 가 봤던 놀이터를 만들어 발표했다.
⑤ 발표한 내용에 대해 민재를 비롯한 반 아이들의 칭찬을 들었다.

내용 이해
02 선생님이 '윤진이'에게 칭찬을 한 이유는 무엇인가요? [✎   ]

① 선생님 말씀을 잘 들어서
② 발표하는 능력이 뛰어나서
③ 친구들과 사이좋게 지내서
④ 놀이터 그림을 아름답게 그려서
⑤ 최선을 다하는 모습이 멋있어서

내용 추론
03 다음은 ㉠의 까닭을 설명한 내용입니다. 빈칸에 들어갈 알맞은 말을 쓰세요.

일주일 동안 고민해서 만든 놀이터를 민재가 ✎_____
_____ 때문이다.

중심 내용 쓰기
04 이 글의 중심 내용을 한 문장으로 완성해 보세요.

윤진이는 오늘 미술 시간에 ✎_____ 발표했는데,
민재의 평가를 듣고 기분이 썩 좋지 않았다.

어휘를 익혀요

정답과 해설 7쪽

01 다음 낱말의 뜻을 찾아 바르게 연결해 보세요.

1 들뜨다 •

2 묻어나다 •

3 안내하다 •

• **ㄱ** 어떤 내용을 소개하여 알려 주다.

• **ㄴ** 마음이나 분위기가 가라앉지 않고 조금 흥분되다.

• **ㄷ** 말이나 글 따위에서 어떤 분위기나 감정 따위가 드러나다.

02 제시된 뜻과 예문을 참고하여 다음 초성에 해당하는 낱말을 빈칸에 쓰세요.

1 ⬚ㅆ⬚ ⬚ㅁ⬚ : 쓸 만한 가치

예 나는 낡아서 (   )가 없는 물건들을 버렸다.

2 ⬚ㅊ⬚ ⬚ㅇ⬚ ⬚ㅈ⬚ : 새로운 것을 생각해 내는 특성을 가진 것

예 이 문제를 해결할 (   )인 생각이 떠올랐다.

3 ⬚ㅎ⬚ ⬚ㅈ⬚ : 어떤 것이 있었거나 지나간 뒤에 남은 자국이나 자리

예 친구가 만든 요리에는 엄청 노력한 (   )이 보였다.

03 보기 에서 알맞은 낱말을 골라 다음 문장을 바르게 완성하세요.

보기
| 사건 | 참견 | 최선 | 기대하다 | 소개하다 |

1 나는 친구가 부탁한 일을 끝내기 위해서 ⬚⬚ 을 다했다.

2 찬미는 발표 후 선생님의 칭찬을 들을 것이라고 ⬚⬚ 했다.

3 쓸데없는 ⬚⬚ 은 그만두고 네 할 일이나 잘 하는 것이 좋겠어.

자전거, 알아야 안전해요

① 자전거는 자동차나 오토바이와 달리 면허증 없이도 누구나 탈 수 있다. 그렇다 보니 자전거를 타는 일은 좀 쉽고 만만하게 보인다. 하지만 ㉠'얕은 내도 깊게 건너라.'라는 속담이 있다. 개울이 얕다고 만만하게 보지 말고 조심하라는 의미이다. 이 속담처럼 쉽고 만만해 보이는 자전거를 탈 때에도 분명 안전을 위해 조심해야 할 점들이 있다. 먼저, 자신의 몸에 맞는 자전거를 타야 한다. 자신의 몸보다 너무 크거나 작은 자전거는 피한다. 안장의 높이는 안장에 앉아서 다리를 쭉 폈을 때 양 발바닥이 바닥에 닿아야 적절하다. 손잡이의 높이도 손잡이를 잡았을 때 팔꿈치가 자연스럽게 구부러져야 적절하다.

② 자전거를 타기 전에는 자전거의 상태도 점검해야 한다. 자전거 바퀴에 공기가 제대로 들어가 있는지, 브레이크는 고장 나지 않았는지, 페달과 체인은 잘 돌아가는지 살펴야 한다. 자전거를 탈 때에 보호 장비를 착용하는 것도 매우 중요하다. 헬멧은 반드시 착용해야 하는데 머리 위에 수평으로 쓰고, 뒤로 기울어지지 않도록 해야 한다. 또 머리에 잘 맞도록 턱에 있는 끈을 꽉 조이는 것도 중요하다. 자전거용 장갑과 보호대를 착용하는 것도 잊어서는 안 된다. 장갑은 손이 미끄러지지 않게 해 주고, 보호대는 자전거를 탈 때 가장 많이 다치는 팔꿈치와 무릎을 보호한다. 보호 장비를 착용하지 않으면 자전거를 타다가 넘어졌을 때 크게 다칠 수 있으므로 잊지 말고 착용하도록 한다.

③ 안전한 장소에서 자전거를 타는 것도 중요하다. 자전거를 타는 것이 익숙하지 않다면 넓은 공원이나 놀이터, 학교 운동장, 자전거 전용 도로에서 타는 것이 좋다. 주차장처럼 차가 많이 지나다니는 곳은 자전거를 타기에 적합한 장소가 아니다. 너무 어두운 곳에서 자전거를 타는 것도 위험하다. 눈으로 주변을 확인할 수 없어서 자칫 위험에 빠질 수 있기 때문

이다. 또 소리로도 주변 상황을 알 수 있으므로 자전거를 탈 때에는 이어폰이나 휴대 전화를 사용하지 않아야 한다.

④ 마지막으로 도로에서 자전거를 탈 때에는 자전거 표지판을 잘 살펴봐야 한다. 만약 '자전거 전용'이라는 표지판이 없다면 자동차 도로의 오른쪽 가장자리에서 달려야 한다. 그리고 횡단보도를 건널 때 '자전거 횡단'이라는 표지판이 없다면 자전거에서 내려 자전거를 끌고 횡단보도를 건너야 한다.

▲ 자전거만 통행할 수 있는 도로임을 알리는 표시

▲ 자전거가 도로를 횡단할 수 있는 곳임을 알리는 표시

◆ **착용하는:** 옷, 모자, 신발 따위를 입거나, 쓰거나, 신거나, 차거나 하는
◆ **전용:** 특정한 목적으로 일정한 부문에만 한하여 씀

✅ 글 내용 한눈에 보기 ●●●

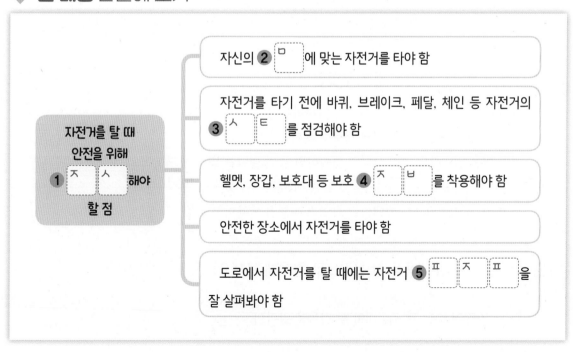

자전거를 탈 때 안전을 위해 **①** ㅈ ㅅ 해야 할 점

- 자신의 **②** ㅁ 에 맞는 자전거를 타야 함
- 자전거를 타기 전에 바퀴, 브레이크, 페달, 체인 등 자전거의 **③** ㅅ ㅌ 를 점검해야 함
- 헬멧, 장갑, 보호대 등 보호 **④** ㅈ ㅂ 를 착용해야 함
- 안전한 장소에서 자전거를 타야 함
- 도로에서 자전거를 탈 때에는 자전거 **⑤** ㅍ ㅈ ㅍ 을 잘 살펴봐야 함

글을 이해해요

내용 이해
01 자전거를 타기에 알맞지 <u>않은</u> 장소는 어디인가요? [✐   ]

① 공원　　　　　　② 놀이터　　　　　　③ 주차장
④ 학교 운동장　　　⑤ 자전거 전용 도로

내용 추론
02 보호 장비를 알맞게 착용하고 자전거를 타고 있는 친구는 누구인지 쓰세요.

[✐   ]

해준　　　　　　　보미　　　　　　　시원

내용 이해
03 자전거를 안전하게 타는 방법으로 알맞지 <u>않은</u> 것은 무엇인가요? [✐   ]

① 너무 어두운 곳에서 자전거를 타지 않는다.
② 헬멧은 턱의 끈을 꽉 조여서 머리에 맞게 쓴다.
③ 안장과 손잡이의 높이를 자신의 몸에 맞게 맞춘다.
④ 자전거를 타는 중에는 이어폰이나 휴대 전화를 사용하지 않는다.
⑤ '자전거 횡단' 표지판이 없을 때에는 횡단보도에서 자전거를 타고 건넌다.

내용 추론
04 ㉠의 뜻으로 알맞은 것은 무엇일까요? [✐   ]

① 잘 아는 일이라도 세심하게 주의하라는 말
② 책임을 지지 않기 위해서 서로 미룬다는 말
③ 쉬운 일이라도 여러 사람이 협력하면 훨씬 쉽다는 말
④ 아무리 같은 조건이더라도 조금씩 서로 차이가 있다는 말
⑤ 어떤 일을 이루기 위해서는 자신의 노력이 중요하다는 말

중심 내용 쓰기
05 이 글의 중심 내용을 한 문장으로 완성해 보세요.

자전거를 탈 때 조심해야 할 점들을 알아야 ✐＿＿＿＿＿＿＿＿＿＿＿＿.

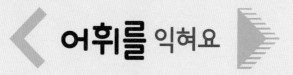

01 다음 낱말의 뜻을 찾아 바르게 연결해 보세요.

1 안장 •
2 장비 •
3 전용 •

• ㄱ 자전거 따위에 사람이 앉게 된 자리

• ㄴ 특정한 목적으로 일정한 부문에만 한하여 씀

• ㄷ 어떤 일을 하기 위하여 지니거나 갖추어 차린 물건

02 제시된 뜻과 예문을 참고하여 다음 초성에 해당하는 낱말을 빈칸에 쓰세요.

1 ㅈ ㅇ 다: 느슨하거나 헐거운 것을 단단하거나 팽팽하게 하다.

예 나는 달리기를 하기 위해 운동화 끈을 단단히 (   )고 밖으로 나갔다.

2 ㅊ ㅇ 하다: 옷, 모자, 신발 따위를 입거나, 쓰거나, 신거나, 차거나 하다.

예 자동차에 타면 제일 먼저 안전띠를 (   )해야 한다.

3 ㅂ ㅎ 하다: 위험이나 곤란 따위가 미치지 아니하도록 잘 보살펴 돌보다.

예 햇빛이 강한 여름철에 선글라스를 쓰면 눈을 (   )할 수 있다.

03 보기에서 알맞은 낱말을 골라 다음 문장을 바르게 완성하세요.

보기

익숙하다   적합하다   점검하다   조심하다

1 이 해수욕장은 물의 깊이가 낮아서 놀기에 ☐☐한 곳이다.

2 소방관들은 출동하기 전에 항상 장비들을 철저하게 ☐☐해야 한다.

15

하늘에서 본 우리 동네

지훈이는 학교 사회 시간에 친구들과 함께 마을의 지도를 만드는 모둠 프로젝트를 하게 되었다. 지훈이네 모둠에서는 어떤 지도를 만드는지 그 과정을 알아보자.

① 1단계 지도를 만드는 목적과 지도에 표시할 장소 정하기

지훈: 어떤 지도를 만들어 볼까?

해인: 우리 마을에 이사 온 사람들을 위한 지도는 어때? 마을 정보를 지도에 담는 거야.

가영: 그거 좋겠다. 내가 작년에 이곳으로 이사 왔을 때, 마을 어디에 무엇이 있는지, 가 볼 만한 곳은 어디인지 궁금했었거든.

지훈: 나도 찬성이야. 이사 온 사람들이 궁금해할 만한 장소를 정해 보자.

은성: 학교, 우체국, 병원, 도서관 같은 중요한 시설을 표시하는 게 좋겠어.

가영: 여가를 즐길 수 있는 잔디 구장과 산책로, 공원도 표시하자.

해인: 일상생활에 필요한 음식점과 편의점, 문구점, 시장과 슈퍼마켓도 표시하는 게 좋겠어.

② 2단계 지도를 만들기 위한 백지도 찾기

지훈이네 모둠은 '국토 정보 플랫폼' 누리집에 들어갔다. 첫 화면의 '공간 정보 받기'에 있는 '국토 정보 맵' 메뉴를 누르고 학교 이름을 검색하자, 학교를 중심으로 한 마을 지도를 볼 수 있었다. 친구들은 마을의 백지도를 내려받아 프린트했다. 백지도는 도로, 산, 강, 주요 시설만 있고 건물은 거의 표시되지 않은 지도이다. 그래서 표시하려는 내용에 따라 다양한 지도를 만들 수 있다.

③ 3단계 일반 지도와 영상 지도에서 표시할 장소 확인하기

지훈이네 모둠은 '국토 정보 맵'에 있는 일반 지도와 영상 지도를 함께 보면서 지도에 표시할 장소를 찾아보기로 하였다. 영상 지도는 인공위성으로 찍은 사진으로 만든 지도로 도로, 건물의 모습이 구체적으로 드러난다. 그리고 지도를 확대할수록 마을의 곳곳을 더 자세하게 볼 수 있다. 일반 지도에는 주요 건물의 이름이 표시되므로 일반 지도와 영상 지도를 번갈아 보며 표시하려는 장소의 위치를 확인하였다.

4 **4단계** 알맞은 기호로 백지도에 장소 표시하기

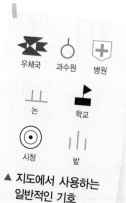

▲ 지도에서 사용하는 일반적인 기호

　지훈이네 모둠은 새로운 이웃이 마을에 이사 왔을 때 궁금해할 만한 장소들을 알아보기 쉬운 그림으로 표시하였다. 학교와 우체국, 병원은 지도에서 사용하는 일반적인 기호들을 이용해서 표시하였다. 그리고 나머지 장소들은 각 장소를 잘 드러내는 기호를 직접 만들어서 표시하였다. 예를 들어, 잔디 구장은 축구공, 도서관은 책, 문구점은 연필로 표시하였다.

◆ **인공위성**: 지구 따위의 행성 둘레를 돌도록 로켓을 이용하여 쏘아 올린 기계 장치
◆ **구체적**: 사물이 직접 경험하거나 볼 수 있도록 일정한 형태와 성질을 갖추고 있는 것

❤ 글 내용 한눈에 보기 •••

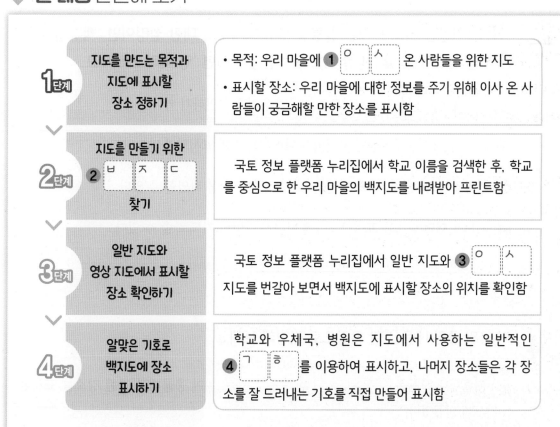

1단계 지도를 만드는 목적과 지도에 표시할 장소 정하기

- 목적: 우리 마을에 **①** ⬛ㅇ ⬛ㅅ 온 사람들을 위한 지도
- 표시할 장소: 우리 마을에 대한 정보를 주기 위해 이사 온 사람들이 궁금해할 만한 장소를 표시함

2단계 지도를 만들기 위한 **②** ㅂ ㅈ ㄷ 찾기

　국토 정보 플랫폼 누리집에서 학교 이름을 검색한 후, 학교를 중심으로 한 우리 마을의 백지도를 내려받아 프린트함

3단계 일반 지도와 영상 지도에서 표시할 장소 확인하기

　국토 정보 플랫폼 누리집에서 일반 지도와 **③** ㅇ ㅅ 지도를 번갈아 보면서 백지도에 표시할 장소의 위치를 확인함

4단계 알맞은 기호로 백지도에 장소 표시하기

　학교와 우체국, 병원은 지도에서 사용하는 일반적인 **④** ㄱ ㅎ 를 이용하여 표시하고, 나머지 장소들은 각 장소를 잘 드러내는 기호를 직접 만들어 표시함

내용 이해

01 지훈이네 모둠이 지도에 표시하기로 한 장소가 <u>아닌</u> 곳은 어디인가요?

[✐   ]

① 학교　　　　　　② 우체국　　　　　　③ 음식점
④ 잔디 구장　　　　⑤ 친구들의 집

내용 추론

02 지훈이네 모둠이 만든 지도에 대한 설명으로 알맞은 것은 무엇일까요?

[✐   ]

① 하천, 호수와 같은 자연 지형만 표시한 지도
② 마을 사람들이 궁금해하는 마을의 맛집들만 표시한 지도
③ 초등학생들을 위해 방과 후에 놀 만한 장소를 표시한 지도
④ 마을에 처음 온 사람들이 가지 말아야 할 곳을 표시한 지도
⑤ 마을에 이사 온 사람들을 위해 생활에 필요한 장소를 표시한 지도

내용 이해

03 다음은 다양한 지도에 대한 설명입니다. 백지도에 대한 설명이면 '백', 일반 지도에 대한 설명이면 '일', 영상 지도에 대한 설명이면 '영'이라고 쓰세요.

1 주요 건물의 이름이 표시되므로 건물의 위치를 확인하기 쉽다.
[   ]

2 도로, 산, 강, 주요 시설만 표시되고 나머지는 거의 표시되지 않는다.
[   ]

3 인공위성으로 찍어서 도로, 건물의 구체적인 모습을 확인할 수 있다.
[   ]

4 지도에 어떤 장소를 표시하느냐에 따라서 다양한 지도로 쓸 수 있다.
[   ]

중심 내용 쓰기

04 이 글의 중심 내용을 한 문장으로 완성해 보세요.

지훈이네 모둠은 ✐_____ 이 궁금해할 만한 장소를 표시한
지도를 만들었다.

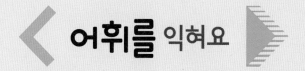

01 제시된 뜻과 예문을 참고하여 다음 초성에 해당하는 낱말을 빈칸에 쓰세요.

① ㅍ ㅅ 하다: 표를 하여 겉으로 드러내 보이다.

예 나는 글을 읽을 때 모르는 단어가 나오면 색연필로 (   )해 두었다.

② ㅇ ㄱ ㅇ ㅅ : 지구 따위의 행성 둘레를 돌도록 로켓을 이용하여 쏘아 올린 기계 장치

예 우리 기술로 만든 (   )이 성공적으로 발사되었다.

③ ㄱ ㅊ ㅈ : 사물이 직접 경험하거나 볼 수 있도록 일정한 형태와 성질을 갖추고 있는 것

예 머릿속으로 생각한 것을 그림으로 표현하면 훨씬 (   )이다.

02 다음 문장의 괄호 안에 들어갈 알맞은 낱말을 골라 보세요.

① 우리나라는 [국토 / 지도]가 좁고 인구가 많다.

② 현미경을 이용하면 아주 작은 물체도 [확대 / 확장]하여 관찰할 수 있다.

03 다음 문장에 들어갈 알맞은 낱말을 보기에서 찾아 쓰세요.

> **보기**
>
> 구장   기호   여가   영상   이사

① 드디어 우리 도시에도 축구 전용 □□이 생겼다.

② 아버지는 이모부와 바둑을 두며 □□를 즐기셨다.

③ 학교를 나타내는 □□는 학교 건물과 그 위에 걸린 태극기의 모양을 보고 만든 것이다.

서연이에게 보내는 편지

1 **서연이에게**

안녕, 서연아. 담임 선생님이야. 너에게 하고 싶은 말이 있어서 이렇게 편지를 쓴단다. 선생님은 며칠 전 네가 한 이 말을 듣고 참 마음이 아팠어.

"선생님, 저는 왜 친구를 사귀는 게 어려울까요? 선생님도 어릴 때 저처럼 친구 사귀는 게 어려우셨나요? 다른 애들은 서로 잘 지내는데 반에서 저만 혼자인 것 같아 슬퍼요."

그동안 네가 교실에서 얼마나 힘들었을까? 너무 안타까웠어.

2 나만 이상한 게 아닐까 걱정이 되지? 전혀 이상하지 않아. 사실 나도 어릴 때 친구들에게 잘 다가가지 못했어. 심지어 학교에 가기 싫다고 운 적도 있지. 그래도 시간이 지나면 늘 마음이 맞는 친구를 만나고, 함께 어울리게 되었어. 어떻게 그럴 수 있었을까? 고래와 해달처럼 친구들을 대했기 때문이란다. 갑자기 왜 고래랑 해달 이야기를 하는지 궁금하지? 선생님이 예전에 읽은 이야기를 해 줄게.

3 고래는 주로 무리를 지어 생활하는데, 함께 다니는 다른 고래가 다치면 힘을 찾을 때까지 업어 준다고 해. 다른 고래가 그물에 걸리면 그물을 물어뜯고, 용감하게 뛰어들어 고래잡이배의 사냥을 방해하기도 한대. 또 힘들어하는 친구 곁에 그냥 오랫동안 있어 주는 고래도 있지. 해달은 어떨까? 해달은 아주 영리한 동물이야. 바닷속에서도 쉬거나 잘 수 있는데, 이때 자기 몸이 떠내려가지 않게 해초로 몸을 묶는대. 어떤 수족관에서 혼자 잠든 해달이 있었어. 수족관 속에는 해초가 없어서 그 해달은 물에 둥둥 떠다녔는데, 다른 해달이 와서 잠든 친구가 떠내려가지 않도록 손을 붙잡아 주는 모습을 사람들이 보았다고 해.

④ 이 고래와 해달의 이야기를 통해서 선생님이 너에게 무슨 말을 하고 싶은지 알겠니? 고래나 해달처럼, 도움이 필요한 친구를 보면 망설이지 말고 네가 할 수 있는 일을 해 주고, 누가 알아주거나 칭찬하지 않아도 조용히 도와줘. 그리고 친구가 힘들어할 때는 옆에 같이 있어 주렴. 꼭 네가 먼저 친구에게 말을 걸거나 큰 목소리로 친구들의 주목을 끌 필요는 없어. 고래와 해달같이 학교생활을 해 나가다 보면 어느새 네 옆에 좋은 친구가 생길 거야.

⑤ 이 편지가 너에게 많은 도움이 되었으면 좋겠다. 곧 너도 친구들을 사귈 수 있을 거라고 믿어. 그래도 여전히 힘들다면 그때도 꼭 나에게 네 마음을 말해 주렴. 나와 함께 다른 방법을 찾아보자. 그럼 안녕!

2020○년 △월 □일 담임 선생님이

◆ **영리한**: 눈치가 빠르고 똑똑한
◆ **주목**: 관심을 가지고 주의 깊게 살핌. 또는 그 시선

❯❯ 글 내용 한눈에 보기 •••

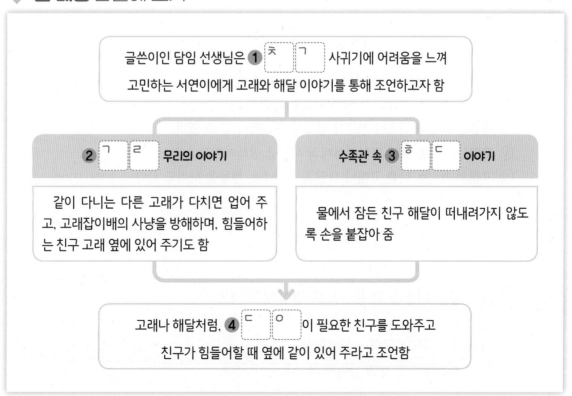

글쓴이인 담임 선생님은 ❶ ㅊ ㄱ 사귀기에 어려움을 느껴 고민하는 서연이에게 고래와 해달 이야기를 통해 조언하고자 함

❷ ㄱ ㄹ 무리의 이야기	수족관 속 ❸ ㅎ ㄷ 이야기
같이 다니는 다른 고래가 다치면 업어 주고, 고래잡이배의 사냥을 방해하며, 힘들어하는 친구 고래 옆에 있어 주기도 함	물에서 잠든 친구 해달이 떠내려가지 않도록 손을 붙잡아 줌

고래나 해달처럼, ❹ ㄷ ㅇ 이 필요한 친구를 도와주고 친구가 힘들어할 때 옆에 같이 있어 주라고 조언함

글을 이해해요

내용 추론

01 이와 같은 글에 대한 설명으로 알맞지 <u>않은</u> 것은 무엇일까요? [✐   ]

① 대개 끝에는 글을 쓴 날짜를 적는다.
② 받는 사람과 쓴 사람이 누구인지 밝힌다.
③ 받는 사람이 달라져도 쓰는 말투는 정해져 있다.
④ 보통 전하고 싶은 말을 하기 전에 먼저 인사말을 쓴다.
⑤ 나의 경험을 활용하여 쓰면 마음을 효과적으로 전달할 수 있다.

내용 추론

02 이 글의 내용으로 알맞지 <u>않은</u> 것은 무엇일까요? [✐   ]

① 서연이는 글쓴이에게 자기의 고민을 직접 이야기했다.
② 글쓴이는 서연이의 마음을 위로해 주고자 이 글을 썼다.
③ 서연이는 아직 반에서 친한 친구가 없어 힘들어하고 있다.
④ 서연이가 앞으로도 계속 힘들어한다면 글쓴이는 다른 방법을 찾을 것이다.
⑤ 글쓴이는 서연이와 같은 고민을 해 본 적은 없지만 서연이의 마음을 잘 이해하고 있다.

내용 이해

03 고래와 해달에 대한 설명으로 알맞지 <u>않은</u> 것은 무엇인가요? [✐   ]

① 해달은 똑똑한 동물이며 바닷속에서도 쉴 수 있다.
② 고래는 주로 무리를 지어 다른 고래들과 함께 다닌다.
③ 해달은 주위에 해초나 친구가 없으면 물속에서 잘 수 없다.
④ 고래는 친구를 위해 고래잡이배의 사냥을 방해하기도 한다.
⑤ 고래와 해달은 다른 고래나 해달을 도와주는 행동을 하기도 한다.

중심 내용 쓰기

04 이 글의 중심 내용을 한 문장으로 완성해 보세요.

> 친구를 사귀려면 고래나 해달처럼 ✐_____,
> 친구가 힘들어할 때 옆에 같이 있어 주는 것이 좋다.

01 다음 낱말의 뜻을 찾아 바르게 연결해 보세요.

1 망설이다 •

2 방해하다 •

3 떠내려가다 •

• **ㄱ** 물 위에 떠서 물결을 따라 옮겨 가다.

• **ㄴ** 이리저리 생각만 하고 태도를 결정하지 못하다.

• **ㄷ** 남의 일에 끼어들어 일이 제대로 되지 못하게 막아 해를 끼치다.

02 제시된 뜻과 예문을 참고하여 다음 초성에 해당하는 낱말을 빈칸에 쓰세요.

1 ㅎ ㅊ : 바다에 나는 식물

예 미역, 다시마, 김과 같은 (   )를 많이 먹으면 몸에 좋다.

2 ㅅ ㅈ ㅇ : 더욱 심하다 못하여 나중에는

예 동네 아이들은 나뭇가지를 꺾고 (   ) 나무 위에까지 올라가서 장난을 쳤다.

3 ㅈ ㅁ : 관심을 가지고 주의 깊게 살핌. 또는 그 시선

예 크게 소리를 질러서 사람들의 (   )을 끌어라.

03 보기 에서 알맞은 낱말을 골라 다음 문장을 바르게 완성하세요.

> **보기**
>
> 영리하다   용감하다   이상하다   칭찬하다

1 우리 집 강아지는 [ ][ ]해서 내 말을 잘 알아듣는다.

2 소방관 아저씨가 아이를 구하기 위해 [ ][ ]하게 불길 속으로 뛰어들었다.

우연히 만들어진 안전유리

① 우리는 가끔 자동차 사고가 난 현장을 방송 뉴스나 인터넷 기사로 볼 때가 있다. 이때 영상이나 사진을 통해 사고를 당한 자동차의 모습을 보면, 부서진 앞 유리의 조각들이 사방으로 흩어지지 않고 막에 붙어 있었을 것이다. 이렇게 일반 유리와 달리 잘 깨어지지 않으며, 깨어지더라도 조각이 튀지 않아 보통의 유리보다 안전한 유리를 '안전유리'라고 한다. 이 안전유리가 발명되면서 사고가 나도 운전자나 탑승자는 유리에 의해 크게 다치지 않게 되었다. 그렇다면 이 안전유리는 누가 어떻게 발명하게 되었을까?

② 안전유리는 프랑스의 과학자인 에두아르 베네딕투스에 의해 발명되었다. 베네딕투스는 어느 날, 자동차 사고로 부상을 입은 사람들 대부분이 부서진 창유리에 크게 다친다는 내용의 기사를 읽게 되었다. 그날부터 베네딕투스는 더 안전한 유리를 만들 수 없을까를 고민하게 되었다. 그리고 잘 깨어지지 않는 유리를 발명하기 위한 연구를 시작하였다. 하지만 15년이나 연구를 했는데도 베네딕투스는 계속 실험에 실패했다.

③ 그러던 어느 날 고양이 한 마리가 실험실에 들어왔다. 이 고양이는 실험실의 선반을 휘젓고 다니다가 얇은 유리로 만들어진 실험용 기구인 플라스크를 떨어뜨리고 말았다. 베네딕투스는 플라스크의 유리가 산산조각이 날 거라고 생각했다. 그런데 떨어진 플라스크는 금은 가 있었지만 유리 조각이 흩어지지 않고 그대로 붙어 있었다. 이를 보고 놀란 베네딕투스가 플라스크에 붙은 라벨을 확인해 보니, 그 플라스크는 몇 년 전 셀룰로이드, 즉 플라스틱의 한 종류인 물질을 담아 두었던 용기였다. 이 플라스크 속에 남아 있던 셀룰로이드가 마르면서 얇은 막을 만들었고, 그 막에 유리 조각들이 붙어 있어서 플라스크가 산산조각이 나지 않았던 것이다.

유리판
셀룰로이드 막
유리판

④ 이로부터 베네딕투스는 잘 깨어지지 않는 안전한 유리를 만드는 것에 대한 실마리를 얻게 되었다. 이후 베네딕투스는 연구를 계속하여 두 장의 유리판 사이에 셀룰로이드 막을 넣은 안전유리를 발명하였다. 이렇게 발명된 안전유리는 오늘날 자동차뿐만 아니라 비행기, 기차 등의 여러 교통수단에 두루 쓰이고 있다. 우연한 일로부터 이루어진 베네딕투스의 발명 덕분에 지금 많은 사람들은 전보다 더 안전한 생활을 할 수 있게 되었다.

◆ **탑승자**: 배나 비행기, 차 따위에 타고 있는 사람
◆ **부상**: 몸에 상처를 입음
◆ **플라스크**: 목이 길고 몸은 둥글게 만든 화학 실험용 유리병
◆ **라벨**: 종이나 천에 물품의 이름 따위를 인쇄하여 물품에 붙여 놓은 조각
◆ **실마리**: 일이나 사건을 풀어 나갈 수 있는 첫머리

≫ 글 내용 한눈에 보기 •••

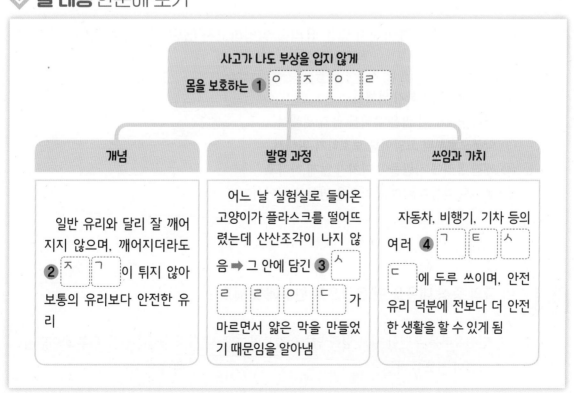

사고가 나도 부상을 입지 않게
몸을 보호하는 ❶ [ㅇ][ㅈ][ㅇ][ㄹ]

개념	발명 과정	쓰임과 가치
일반 유리와 달리 잘 깨어지지 않으며, 깨어지더라도 ❷ [ㅈ][ㄱ] 이 튀지 않아 보통의 유리보다 안전한 유리	어느 날 실험실로 들어온 고양이가 플라스크를 떨어뜨렸는데 산산조각이 나지 않음 ➡ 그 안에 담긴 ❸ [ㅅ][ㄹ][ㄹ][ㅇ][ㄷ]가 마르면서 얇은 막을 만들었기 때문임을 알아냄	자동차, 비행기, 기차 등의 여러 ❹ [ㄱ][ㅌ][ㅅ][ㄷ]에 두루 쓰이며, 안전유리 덕분에 전보다 더 안전한 생활을 할 수 있게 됨

내용 추론

01 안전유리가 깨어지면 어떻게 될지 다음 사진 중 알맞은 것에 ✓ 표시를 하세요.

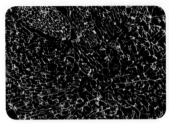  

☐ 금만 가고 붙어 있는 유리 ☐ 산산조각이 난 유리 ☐ 가루가 된 유리

내용 이해

02 안전유리에 대한 설명으로 알맞지 <u>않은</u> 것은 무엇인가요? [✎]

① 깨어져도 조각이 튀지 않는다.
② 다양한 교통수단을 만드는 데 두루 쓰이고 있다.
③ 연구 도중에 일어난 우연한 일로 인해 만들어졌다.
④ 두 장의 유리판 사이에 셀룰로이드 막을 넣어 만들어진다.
⑤ 학자가 연구를 시작한 지 15년 만에 실험에 성공하여 발명되었다.

내용 추론

03 베네딕투스가 잘 깨어지지 않는 유리를 발명하고자 했던 이유는 무엇일까요?

[✎]

① 전쟁에서 승리하기 위해서
② 사람들에게 더 많은 유리를 팔기 위해서
③ 약품으로부터 고양이를 보호하기 위해서
④ 깨진 유리에 사람들이 다치지 않게 하려고
⑤ 유리로 아름다운 예술 작품을 만들고 싶어서

중심 내용 쓰기

04 이 글의 중심 내용을 한 문장으로 완성해 보세요.

안전유리는 우연한 일로 인해 만들어졌으며, 오늘날 여러 교통수단에 두루 쓰이면서 사람들이 전보다 더 해 주었다.

01 다음 낱말의 뜻을 찾아 바르게 연결해 보세요.

1 라벨 •

2 선반 •

3 플라스크 •

• ㄱ 목이 길고 몸은 둥글게 만든 화학 실험용 유리병

• ㄴ 종이나 천에 물품의 이름 따위를 인쇄하여 물품에 붙여 놓은 조각

• ㄷ 물건을 얹어 두기 위하여 까치발을 받쳐서 벽에 달아 놓은 긴 널빤지

02 다음 문장의 괄호 안에 들어갈 알맞은 낱말을 골라 보세요.

1 나는 어릴 적 친구와 [당연히 / 우연히] 길에서 마주쳤다.

2 이번 사고로 차 뒷자리에 있던 두 명의 [운전자 / 탑승자]가 크게 다쳤다.

3 나는 친구들과 축구 경기를 하던 중에 넘어져서 다리에 [보상 / 부상]을 입었다.

03 보기 에서 알맞은 낱말을 골라 다음 문장을 바르게 완성하세요.

보기
사방   실마리   유리판   실패하다   연구하다

1 나는 열심히 운동했지만 살을 빼는 데 ☐☐ 했다.

2 경찰은 오랜 시간 동안 사건을 해결할 ☐☐☐ 를 얻지 못했다.

3 그릇이 벽에 부딪치면서 깨지는 바람에 조각들이 ☐☐ 으로 흩어졌다.

이제부터 집중할 거야

① 공부를 하려고 책상 앞에 앉았다고 상상해 보자. 갑자기 지저분한 책상 위가 신경 쓰여 정리를 하고, 냉장고 안에 무엇이 들어 있나 궁금해서 보러 가고, 친구에게 급히 해야 할 이야기가 생각나 휴대 전화를 꺼내고, 식구들이 무엇을 하고 있나 궁금해서 거실로 나가게 된다. 비로소 딴 일을 멈추고 공부를 시작하더라도 이번에는 머릿속에 딴생각이 무럭무럭 자라기 시작한다.

② 자, 어떻게 하면 공부에 집중할 수 있을까? 가장 좋은 방법은 공부를 규칙적인 습관으로 만드는 것이다. 우리는 아침에 일어나 자연스럽게 화장실로 가서 세수를 하고 칫솔질을 한다. 습관이 되어 있기 때문이다. 그래서 세수나 칫솔질을 해야겠다고 따로 생각하지 않아도 자연스럽게 그 일을 하게 되고 스트레스도 받지 않는다. 공부도 마찬가지이다. 공부해야 한다는 생각 없이 자연스럽게 공부를 시작한다면 공부를 시작하기 위해 쓰는 에너지가 한결 줄어들 것이다. 예를 들어, 학교에서 집에 돌아오면 손을 씻고 간식을 먹은 뒤에 바로 책상에 앉아 공부하는 습관을 들일 수 있다. 그러면 공부를 시작하는 데 어려움을 겪지 않고 공부에 집중할 수 있을 것이다.

③ 이렇게 집중을 했더라도 집중력을 계속 유지하는 것은 어렵다. 그러므로 계속 공부만 하는 것보다는 잠시 쉬면서 스트레칭을 하는 것이 좋다. 오랫동안 같은 자세로 있으면 혈액 순환이 잘 이루어지지 않아서 쉽게 피곤해지고 머릿속이 산만해지기 쉽다. 30~40분 정도 집중하여 공부했다면 기지개 켜기, 손목과 손가락 풀기, 목과 등 펴기, 눈썹 주변 부분 눌러 주기 등의 스트레칭으로 긴장되어 있던 몸을 유연하게 해 주는 것이 좋다. 이렇게 스트레칭을 하며 몸을 풀어 주면 많이 피곤해지지 않게 되어 집중력을 높일 수 있다.

4 마지막으로 처음부터 긴 시간 동안 집중해서 공부하려고 애쓰지 않는 것이 좋다. 처음에는 공부에 집중하는 시간을 짧게 잡는다. '5분 동안 집중해서 문제 풀기', '10분 동안 집중해서 책 읽기'와 같이 말이다. 이렇게 목표를 작게 잡으면 집중하는 것이 어려웠던 사람도 짧은 시간만 집중하면 된다는 생각에 자신이 생각한 이상으로 집중력을 발휘할 수 있다. 목표가 작으면 부담이 적어서 목표를 이루기 쉽기 때문이다. 5분, 10분 동안 집중하는 것에 익숙해지면 시간을 조금씩 늘리면 된다. 집중하는 시간이 점점 늘어나면 시간을 효율적으로 사용하여 공부할 수 있고, 공부에 자신감도 붙게 될 것이다.

◆ **순환:** 일정한 간격으로 자꾸 되풀이하여 돎. 또는 그런 과정
◆ **유연하게:** 부드럽고 연하게
◆ **발휘할:** 재능, 능력 따위를 떨치어 나타낼
◆ **효율적:** 들인 노력에 비하여 얻는 결과가 큰 것

❯❯ **글 내용** 한눈에 보기 ●●●

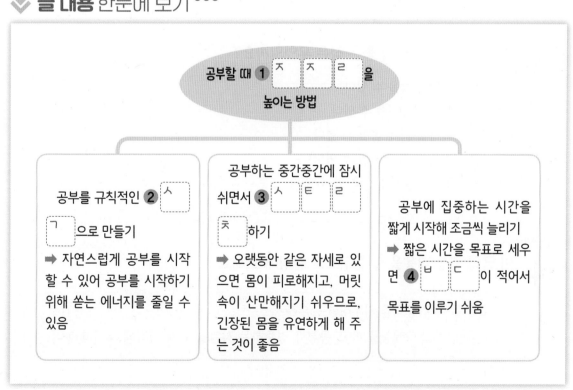

글을 이해해요

내용 이해

01 이 글의 내용으로 알맞지 <u>않은</u> 것은 무엇인가요? [✎   ]

① 오랫동안 같은 자세로 있으면 집중력이 떨어진다.
② 계속 공부하는 것보다는 중간에 잠시 쉬는 것이 좋다.
③ 집중력은 자신이 원하는 시간만큼 계속 유지할 수 있다.
④ 공부가 습관이 되면 공부를 시작할 때 드는 에너지가 줄어든다.
⑤ 시간을 조금씩 늘리며 일정 시간 동안 집중하는 연습을 계속하면 집중하는 시간이 길어진다.

내용 추론

02 집중해서 공부하는 방법을 가장 잘 파악한 사람은 누구인지 쓰세요. [✎   ]

소은
공부하기 전에 다른 생각이 나면 그 생각에 집중하는 것이 좋겠어.

유진
매일 저녁을 먹고 나서 바로 숙제를 하는 습관을 길러야겠어.

민우
정해진 시간에 공부하기 어려우니까 공부하는 시간을 따로 정하지 않을래.

형준
일부러 공부하려고 노력하기보다는 공부가 하고 싶어질 때까지 기다릴래.

내용 추론

03 집중하여 공부할 때의 좋은 점은 무엇일까요? [✎   ]

① 피로를 느끼지 않을 수 있다.
② 시간을 효율적으로 쓸 수 있다.
③ 못하던 과목을 금세 잘할 수 있다.
④ 다른 사람과 함께 공부할 수 있다.
⑤ 머릿속으로 다양한 상상을 할 수 있다.

중심 내용 쓰기

04 이 글의 중심 내용을 한 문장으로 완성해 보세요.

공부할 때 집중력을 키우려면 공부를 ✎ _____, 중간중간에 잠시 쉬면서 스트레칭을 하고, 공부에 집중하는 시간을 짧게 시작해 조금씩 늘리는 것이 좋다.

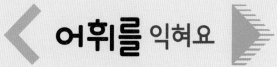

01 다음 낱말에 대한 설명이 맞으면 〇, 틀리면 ✕ 표시를 하세요.

1 어떠한 의무나 책임을 지지 않는 것을 '부담'이라고 한다. [〇 / ✕]

2 '발휘하다'는 재능이나 능력을 떨치어 나타낸다는 의미이다. [〇 / ✕]

3 '집중하다'는 한 가지 일에 모든 힘을 쏟아붓는다는 뜻을 나타낸다. [〇 / ✕]

02 제시된 뜻과 예문을 참고하여 다음 초성에 해당하는 낱말을 빈칸에 쓰세요.

1 ⌈ㅇ⌉⌈ㅇ⌉하다: 부드럽고 연하다.

예 다현이는 어릴 때부터 발레를 해서 그런지 몸이 (   )하다.

2 ⌈ㅅ⌉⌈ㅎ⌉: 일정한 간격으로 자꾸 되풀이하여 돎. 또는 그런 과정

예 이 약은 혈액 (   )이 잘되도록 돕는다.

3 ⌈ㅅ⌉⌈ㅌ⌉⌈ㄹ⌉⌈ㅊ⌉: 몸통과 팔다리를 쭉 펴거나 굽혀서 근육을 늘이는 동작 또는 그런 일

예 나는 운동을 시작하기 전에 가볍게 (   )을 하며 몸을 풀었다.

03 다음 문장의 괄호 안에 들어갈 알맞은 낱말을 골라 보세요.

1 몸을 건강하게 [유지하기 / 의지하기] 위해서는 음식을 골고루 잘 먹어야 한다.

2 친구들이 떠드는 소리 때문에 정신이 [산만해져 / 집중되어] 공부를 할 수 없었다.

3 시간을 [규칙적 / 효율적]으로 쓰기 위해 약속 장소 두 곳을 서로 가까운 곳으로 정했다.

07 도서관에 가자

1 우리나라 곳곳에는 그 지역의 주민이 이용할 수 있는 도서관이 있다. 도서관은 책을 읽거나 공부를 하는 곳으로, 여러 사람이 함께 이용하는 공공시설이다. 그러므로 우리는 다른 사람을 배려하면서 도서관을 이용해야 한다. 도서관을 이용할 때 지켜야 할 예절은 다음과 같다.

도서관 이용 예절

- ✎ 떠들거나 뛰어다니지 않습니다.
- ✎ 열람실 안에서 음식을 먹지 않습니다.
- ✎ 자리를 맡아 두고 오랜 시간 동안 자리를 비우지 않습니다.
- ✎ 책, 신문, 디브이디(DVD) 등의 자료를 소중하게 다룹니다.
- ✎ 자신이 사용한 자리는 깨끗하게 정리 정돈을 하고 나갑니다.

2 이제 도서관에서 책을 찾는 방법을 알아보자. 먼저, 도서관에 있는 검색용 컴퓨터에 자신이 찾으려는 책과 관련된 검색어를 입력한다. 검색 칸에 주제어, 제목, 글쓴이, 출판사 등의 정보를 입력하면 그와 관련된 책의 목록이 나온다. 이 목록 가운데에서 읽고 싶은 책의 도서 청구 기호를 인쇄하면 된다. 도서 청구 기호는 책을 찾을 때 꼭 필요한 것이기 때문이다.

3 도서 청구 기호는 도서관에 있는 책을 일정한 기준에 따라 분류하기 위해 책에 숫자와 문자를 붙인 이름표다. 도서관에서는 비슷한 영역을 다룬 책끼리 분류해 놓는다. 도서 청구 기호는 책의 종류와 주제, 위치를 나타낸다. 검색한 도서 청구 기호에서 가장 앞에 있는 세 자리의 분류 번호는 위에서 설명한 대로 책을 큰 영역에 따라 분류한 기호이다. 분류 기호가 400번대에서 시작하면 '400'이라는 표시가 있는 책장 쪽으로 가서 책을 찾아야 한다. 분류 기호를 확인하고 그 뒤에 나오는 저자·도서 기호를 차례로 살펴보면 책을 쉽게 찾을 수 있다.

4 이렇게 찾은 책을 도서관에서 다 읽지 못한 경우에는 책을 대출하여 집으로 가져와 더 읽을 수도 있다. 주의할 것은 도서관마다 한 번에 빌릴 수 있는 책의 권수와 대출 기간이 정해져 있으니 각 도서관의 규정을 꼭 확인해야 한다. 또한 도서관의 책은 여러 사람이 함께 이용하는 것이므로 대출 기간이 끝나는 날까지 책을 꼭 반납해야 한다. 만약 책을 반납하기 어려운 상황이라면 반납일이 되기 전에 반납을 연기해야 한다. 책을 반납하지 못하고 연체하면 벌금을 내야 하거나, 연체한 날만큼 책을 대출하지 못하게 된다. 그럼 이제 도서관을 찾아가 공공 예절을 지키며 도서관을 이용하고, 원하는 책을 찾아 읽어 보자.

◆ **저자**: 글로 써서 책을 지어 낸 사람
◆ **연기해야**: 정해진 기한을 뒤로 물려서 늘려야
◆ **연체하면**: 정한 기한에 약속을 지키지 못하고 때를 늦추면

▼ 글 내용 한눈에 보기 ●●●

도서관 이용 태도	다른 사람을 배려하면서 이용 **①** [ㅇ][ㅈ]을 지켜 행동함	
	[도서관 이용 예절]	
	• 떠들거나 뛰어다니지 않음	• 도서관 자료를 소중히 다룸
	• 열람실에서 음식을 먹지 않음	• 사용한 자리를 정리 정돈한 후 나감
	• 자리를 맡아 두고 오래 비우지 않음	

도서관 이용 방법	책을 찾는 방법	• 검색용 컴퓨터에 찾고 싶은 **②** [ㅊ]과 관련된 검색어를 입력함
		• 검색한 책의 도서 청구 기호를 인쇄함
		• 도서 **③** [ㅊ][ㄱ][ㄱ][ㅎ]를 보고 책장에서 책을 찾음
	책을 빌리는 방법	• 책을 **④** [ㄷ][ㅊ]할 때에는 대출 권수와 기간을 확인하고, 약속한 날에 꼭 반납함
		• 반납일에 반납이 어려우면 반납 **⑤** [ㅇ][ㄱ] 신청을 함
		• 책 반납을 연체하면 벌금을 내거나 일정 기간 동안 책을 못 빌림

내용 이해

01 도서관에서 책을 찾으려고 할 때 가장 먼저 할 일은 무엇인가요? [✎   ]

① 출입구에서 가장 가까운 책장으로 간다.

② 읽고 싶은 책의 도서 청구 기호를 외운다.

③ 마음에 드는 분류 기호가 적힌 책장에서 책을 찾는다.

④ 다른 사람이 어느 책장에서 책을 가져오는지 살펴본다.

⑤ 검색용 컴퓨터에 찾으려는 책과 관련된 검색어를 입력한다.

내용 이해

02 도서 청구 기호에 대한 설명으로 알맞지 <u>않은</u> 것은 무엇인가요? [✎   ]

① 숫자가 포함되어 있다.

② 책의 가격과 두께를 나타낸다.

③ 도서관에서 책을 쉽게 찾을 수 있게 해 준다.

④ 일정한 기준에 따라 책을 분류하여 붙인 이름표이다.

⑤ 앞의 세 자리는 책을 큰 영역에 따라 분류한 기호이다.

내용 추론

03 다음은 어느 도서관의 대출 이용 안내문입니다. 빈칸에 들어갈 알맞은 말을 **보기** 에서 골라 그 기호를 쓰세요.

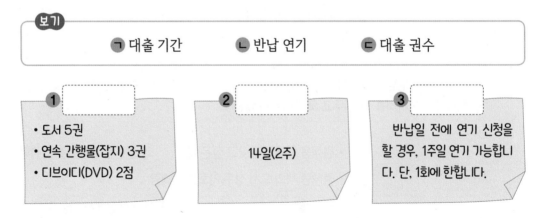

보기

ㄱ 대출 기간   ㄴ 반납 연기   ㄷ 대출 권수

1 [   ]
• 도서 5권
• 연속 간행물(잡지) 3권
• 디브이디(DVD) 2점

2 [   ]
14일(2주)

3 [   ]
반납일 전에 연기 신청을 할 경우, 1주일 연기 가능합니다. 단, 1회에 한합니다.

중심 내용 쓰기

04 이 글의 중심 내용을 한 문장으로 완성해 보세요.

도서관에서는 다른 사람을 배려하면서 ✎ _____,
책을 찾고 빌리는 방법을 알고 이용해야 한다.

01 다음 낱말의 뜻을 찾아 바르게 연결해 보세요.

1 규정 •

2 영역 •

3 저자 •

• **ㄱ** 글로 써서 책을 지어 낸 사람

• **ㄴ** 규칙으로 정함. 또는 그 정하여 놓은 것

• **ㄷ** 활동, 기능, 효과, 관심 따위가 미치는 일정한 범위

02 제시된 뜻과 예문을 참고하여 다음 초성에 해당하는 낱말을 빈칸에 쓰세요.

1 ⓑ ⓛ 하다: 종류에 따라서 가르다.

예 책장에 있는 책들을 내용에 따라 ( )해서 정리했다.

2 ⓞ ⓖ 하다: 정해진 기한을 뒤로 물려서 늘리다.

예 내일 도서관에 가지 못할 것 같아 책 반납을 ( )했다.

3 ⓖ ⓖ ⓢ ⓢ : 국가나 공공 단체가 사람들의 편리함이나 행복한 삶을 위하여 설치한 시설

예 집 근처에 병원과 도서관 같은 ( )이 생겨서 생활이 편리해졌어.

03 다음 문장의 괄호 안에 들어갈 알맞은 낱말을 골라 보세요.

1 이 책은 [**대출** / **반납**]이 안 된다고 해서 집으로 가져오지 못했다.

2 나는 학교 도서관에 책 반납을 [**연기** / **연체**]하는 바람에 벌금을 냈다.

3 컴퓨터를 이용하니 제목의 일부만 가지고도 책 [**검문** / **검색**]이 가능했다.

08 키우지 않는 용기

① 우리 주변에서는 반려동물을 키우는 사람들을 흔히 볼 수 있다. 그중에서도 최근에는 고양이를 키우는 사람이 많아졌다. 조사에 따르면 반려동물로 키우는 고양이의 수는 2006년에는 50만 마리가 채 되지 않았으나 2017년에는 150만 마리가 넘었다고 한다. 고양이는 전용 화장실에 용변을 보고 주인을 많이 찾지 않는다. 또 목욕을 자주 시키지 않아도 되고 산책을 시킬 필요도 없어서 어떤 사람은 개보다 고양이를 키우는 것이 더 쉽다고 말한다. 이러한 말을 듣고 키우기 쉽다니 나도 한번 고양이를 키워 볼까 하는 생각으로 덜컥 고양이를 키우는 사람들도 있다. 하지만 ㉠이런 마음으로 고양이와 함께 산다면 사람도 고양이도 모두 불행해질 수 있다.

② 집에서 기르는 고양이의 평균 수명은 15년 정도이다. 지금 당신이 새끼 고양이를 키우기 시작한다면 당신은 앞으로 15년 동안 그 고양이와 함께해야 한다. 이는 앞으로 15년 동안 당신의 생활에서 고양이를 늘 고려해야 한다는 의미이다. 고양이를 비롯해 모든 반려동물은 자신이 필요할 때만 함께하고, 필요하지 않으면 버리거나 없앨 수 있는 물건이 아니다. 반려동물을 기른다는 것은 그 반려동물의 평생을 책임지겠다는 마음가짐이 필요한 일이다.

③ 하지만 우리나라에서 버려지는 반려동물의 수는 해마다 늘어나고 있다. 2017년 통계에 따르면 1년 동안 버려진 고양이의 수는 약 2만 7,000마리에 이른다. 키워 보니까 돌봐야 하는 일이 많다거나, 예방 접종이나 병원 치료에 돈이 많이 든다거나 하는 등의 이유 때문이다. 반려동물의 수는 크게 늘어났지만 반려동물에 대한 사람들의 생각은 자라지 못했다는 것을 알 수 있다. 이럴 때 필요한 것은 잘 키울 수 있다는 자신감보다 오히려 '키우지 않는 용기'가 아닐까?

나를 키우고 싶나옹?

36

④ 고양이를 키울 수 있는 상황도 되고 잘 돌볼 책임감도 있다면, 고양이를 사지 말고 버려진 고양이를 입양하는 방법을 고려해 볼 수 있다. 동물 보호소나 구조 단체의 누리집에 들어가 보면 새로운 가족을 기다리는 고양이를 쉽게 찾을 수 있다. 끝까지 키울 자신이 없어서 '키우지 않는 용기'를 냈지만 고양이를 돌보고 싶은 사람들에게 추천하고 싶은 방법도 있다. 동물 보호소나 구조 단체에서 보호하고 있는 고양이를 후원하는 것이다. 고양이를 후원하면 누리집에서 고양이가 지내는 모습을 확인할 수 있고, 동물 보호소나 구조 단체에 찾아가서 고양이를 직접 볼 수도 있다.

◆ 평균 수명: 한 나라나 사회에서 사람이나 동물이 태어나 몇 년을 살 수 있는지를 평균으로 나타낸 수
◆ 후원하는: 뒤에서 도와주는

✖ 글 내용 한눈에 보기 •••

고양이를 바라보는 시각	• 반려동물로 고양이를 키우는 사람이 늘어남 • 개보다 ① ㄱㅇㅇ 가 키우기 쉽다고 말하는 사람도 있음
반려동물을 키우기 위한 마음가짐	• 반려동물은 마음대로 버리거나 없앨 수 있는 물건이 아님 • 반려동물의 ② ㅍㅅ 을 돌보겠다는 책임감이 필요함
많은 반려동물이 버려지는 상황에 대한 글쓴이의 생각	• 반려동물의 수는 늘어났지만 반려동물을 키우는 사람들의 생각은 자라지 못했음 • 잘 키울 수 있다는 자신감보다 '키우지 않는 ③ ㅇㄱ 가 필요함
고양이를 키우려 하게나 돌보고자 하는 사람들에 대한 제안	• 고양이를 사는 것보다 버려진 고양이를 ④ ㅇㅇ 할 것을 제안함 • 고양이를 키울 자신은 없지만 고양이를 돌보고 싶다면 동물 보호소나 구조 단체에서 보호하고 있는 고양이를 ⑤ ㅎㅇ 할 것을 제안함

글을 이해해요

내용 이해

01 글쓴이가 말한 내용으로 알맞지 <u>않은</u> 것은 무엇인가요? ［✐　　　］

① 사람들이 반려동물을 쉽게 키우고 쉽게 버린다.

② 반려동물을 함부로 키우지 않는 용기가 필요하다.

③ 고양이를 키울 준비가 되었다면, 버려진 고양이를 입양할 수도 있다.

④ 반려동물을 키우는 것은 그 반려동물과 평생을 함께한다는 의미이다.

⑤ 반려동물이 늘어나는 만큼 반려동물을 키우는 사람들의 생각도 자라고 있다.

내용 추론

02 고양이를 키우려고 할 때, 우리가 생각해야 할 점으로 맞는 것에 모두 ✓ 표시를 하세요.

❶ 고양이를 돌보는 일을 귀찮아하지 않고 잘할 수 있을까? ☐

❷ 내게 필요하지 않으면 고양이를 다른 사람에게 줄 수 있을까? ☐

❸ 고양이가 죽을 때까지 오랜 시간 동안 책임감 있게 돌볼 수 있을까? ☐

❹ 고양이에게 예방 접종이나 치료 등이 필요할 경우 잘 관리해 줄 수 있을까? ☐

내용 추론

03 ㉠이 의미하는 바로 알맞은 것은 무엇일까요? ［✐　　　］

① 고양이는 키우기 쉽다는 마음

② 고양이를 잘 키우겠다는 마음

③ 강아지를 키우고 싶다는 마음

④ 강아지가 고양이보다 좋다는 마음

⑤ 고양이가 죽을 때까지 보살피겠다는 마음

중심 내용 쓰기

04 이 글의 중심 내용을 한 문장으로 완성해 보세요.

✐ ＿＿＿＿＿＿＿＿＿＿＿＿＿＿＿＿＿ 마음가짐을 갖고 고양이를 키워야 한다.

01 제시된 뜻과 예문을 참고하여 다음 초성에 해당하는 낱말을 빈칸에 쓰세요.

❶ ㅎ ㅇ 하다: 뒤에서 도와주다.

예 버려진 강아지들을 (　　　　　)하는 사람들이 많아지고 있다.

❷ ㅌ ㄱ : 어떤 현상을 종합적으로 한눈에 알아보기 쉽게 일정한 체계에 따라 숫자로 나타낸 것

예 이 (　　　　　)에 따르면, 비만인 청소년의 비율이 해마다 계속 늘어나고 있다.

❸ ㅍ ㄱ ㅅ ㅁ : 한 나라나 사회에서 사람이나 동물이 태어나 몇 년을 살 수 있는지를 평균으로 나타낸 수

예 집에서 기르는 토끼의 (　　　　　)은 6~8년이다.

02 다음 문장의 괄호 안에 들어갈 알맞은 낱말을 골라 보세요.

❶ 여기는 화장실이 없어서 [용건 / 용변]을 눌 곳이 없다.

❷ 추운 겨울에 길을 헤매던 새끼 고양이가 [구별 / 구조]되었다.

03 보기 에서 알맞은 낱말을 골라 다음 문장을 바르게 완성하세요.

보기
　　　고려하다　　　불행하다　　　입양하다　　　추천하다　　　필요하다

❶ 아이가 없었던 그 부부는 아이를 □□ 하고 싶어 했다.

❷ 할머니께 드릴 선물을 고민하는 친구에게 나는 이 안마기를 □□ 했다.

❸ 나는 강아지를 □□ 하여 반려동물을 데리고 들어갈 수 있는 카페를 찾았다.

세계의 아침 식사

① 우리는 매일 아침 식사를 하며 하루를 시작한다. 시간이 없거나 입맛이 없어서 아침 식사를 거르는 사람들이 많기도 하지만, 규칙적인 아침 식사는 우리 몸의 건강을 위해 매우 중요하다. 우리나라에서는 주로 아침 식사로 밥과 국에 몇 가지 반찬을 곁들여 먹는다. 그러나 다른 나라에서는 그 나라의 고유한 관습이나 생활 양식에 따라 다양한 식재료를 이용한 음식들로 저마다 다른 아침 식사를 한다. 그렇다면 세계 여러 나라의 사람들은 아침 식사로 주로 무엇을 먹을까?

② 미국 사람들은 달걀프라이, 구운 베이컨, 팬케이크 등을 한 접시에 담아 먹는다. 팬케이크는 밀가루에 달걀, 우유, 설탕을 한데 반죽하여 팬에서 구운 빈대떡 모양의 말랑한 케이크를 말한다. 음료는 우유나 주스, 커피를 곁들인다. 이렇게 하는 식사를 '미국식 아침 식

사'라는 뜻인 '아메리칸 브렉퍼스트(American breakfast)'라고 부른다. 팬케이크 대신 토스트를 먹거나, 달걀프라이 대신 오믈렛이나 스크램블드에그를 먹기도 한다. 오믈렛은 고기나 야채 따위를 잘게 썰어 볶은 것을 지진 달걀로 싼 요리이며, 스크램블드에그는 달걀에 우유를 넣어 버터로 볶은 요리이다. 이 외에도 과일이나 시리얼을 함께 먹는다.

③ 중국은 나라가 무척 커서 지역마다 먹는 음식이 다르다. 아침 식사도 지역에 따라 다르지만, 대부분 지역에서는 '요우탸오'를 다른 음식에 곁들여 먹는다. 요우탸오는 밀가루

반죽을 막대 모양으로 만들어 기름에 튀긴 빵이다. 겉은 바삭하고 속은 스펀지처럼 말랑한 것이 특징이다. 요우탸오는 죽이나 순두부 등 여러 가지 음식과 함께 먹을 수 있지만, 주로 '도우장'과 함께 먹는다. 도우장은 콩을 갈아 만든 따뜻한 국으로, 두유와 비슷하게 담백하고 고소한 맛이 나는 음식이다.

4 터키에서는 전통 아침 식사를 '카흐발트'라고 부른다. 터키 말로 '커피'와 '먼저'가 합쳐진 말인데, 터키 사람들이 커피를 마시기 전에 무엇인가를 먹는 문화에서 시작되었다. 그래서 터키 사람들은 아침 식사를 한 다음에 커피를 마신다. 터키식 빵인 '에크멕'과 '시미트', 터키식 피자인 '피데', 그리고 샐러드, 채

소튀김, 요구르트, 올리브, 각종 치즈와 잼 등 다양한 음식들을 식탁에 함께 차려 풍성하게 먹는다. 그리고 꼭 터키식 홍차인 '차이'를 함께 마신다.

◆ **곁들여**: 주된 음식에 다른 음식을 서로 어울리게 내어놓아
◆ **담백하고**: 음식이 느끼하지 않고 산뜻하고
◆ **풍성하게**: 넉넉하고 많게

≫ 글 내용 한눈에 보기 ●●●

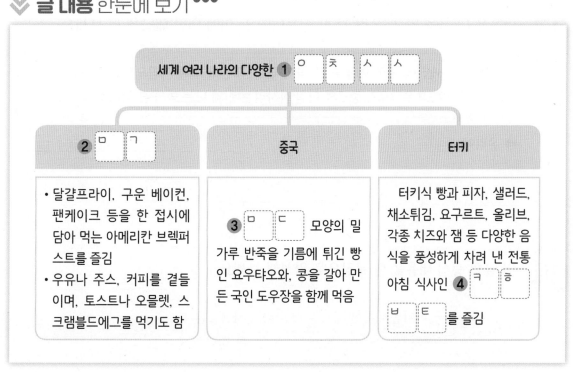

세계 여러 나라의 다양한 ❶ [ㅇ][ㅊ] [ㅅ][ㅅ]

❷ [ㅁ][ㄱ]

• 달걀프라이, 구운 베이컨, 팬케이크 등을 한 접시에 담아 먹는 아메리칸 브렉퍼스트를 즐김
• 우유나 주스, 커피를 곁들이며, 토스트나 오믈렛, 스크램블드에그를 먹기도 함

중국

❸ [ㅁ][ㄷ] 모양의 밀가루 반죽을 기름에 튀긴 빵인 요우탸오와, 콩을 갈아 만든 국인 도우장을 함께 먹음

터키

터키식 빵과 피자, 샐러드, 채소튀김, 요구르트, 올리브, 각종 치즈와 잼 등 다양한 음식을 풍성하게 차려 낸 전통 아침 식사인 ❹ [ㅋ][ㅎ] [ㅂ][ㅌ] 를 즐김

01 이 글에 대한 설명으로 알맞은 것을 골라 보세요.

1 미국 사람들은 아침 식사로 다양한 요리를 [따로 / 한 접시에] 담아 먹는다.

2 중국의 '요우탸오'는 밀가루 반죽을 막대 모양으로 만들어서 [구운 / 튀긴] 빵이다.

3 '카흐발트'는 터키 사람들이 커피를 [마신 후 / 마시기 전]에 음식을 먹는 문화에서 비롯된 것이다.

02 이 글의 내용으로 알맞은 것은 무엇인가요?　[　✎　　　　]

① 미국 사람들은 아침 식사로 과일은 먹지 않는다.
② 터키에서는 아침을 먹을 때 터키식 홍차인 '차이'를 함께 마신다.
③ 터키 사람들은 한두 가지의 음식만 간단히 차려 아침 식사를 한다.
④ 중국에서 아침 식사로 먹는 '요우탸오'는 겉과 속이 모두 딱딱하다.
⑤ 아침 식사를 규칙적으로 하는 것과 우리 몸의 건강과는 아무런 관련이 없다.

03 다음은 이 글을 읽고 '유리'가 한 질문이에요. 이에 대한 대답을 써 보세요.

> 유리: 나는 예전에 중국 여행을 간 적이 있어. 그런데 그때 아침으로 요우탸오를 먹지 않았어. 요우탸오가 중국의 아침 식사라는데 왜 나는 먹어 본 적이 없을까?

➡ 유리야, ✎ _____

04 이 글의 중심 내용을 한 문장으로 완성해 보세요.

> 미국, 중국, 터키를 비롯한 세계 여러 나라의 사람들은 ✎ _____
> _____ 를 한다.

01 다음 낱말의 뜻을 찾아 바르게 연결해 보세요.

1 지지다	**㉠** 주된 음식에 다른 음식을 서로 어울리게 내어 놓다.
2 차리다	**㉡** 음식 따위를 장만하여 먹을 수 있게 상 위에 벌이다.
3 곁들이다	**㉢** 불에 달군 판에 기름을 바르고 전 따위를 부쳐 익히다.

02 제시된 뜻과 예문을 참고하여 다음 초성에 해당하는 낱말을 빈칸에 쓰세요.

1 ⌈ㄷ⌉⌈ㅂ⌉하다: 음식이 느끼하지 않고 산뜻하다.

㉫ 옥수수로 만든 이 음식은 (   )한 맛이 난다.

2 ⌈ㅈ⌉⌈ㄹ⌉: 기본으로 삼거나 특별히 중심이 되게

㉫ 나는 점심으로 된장찌개를 (   ) 먹는다.

3 ⌈ㅇ⌉⌈ㅁ⌉⌈ㄹ⌉: 고기나 야채 따위를 잘게 썰어 볶은 것을 지진 달걀로 싼 요리

㉫ 아침으로 계란과 버섯, 시금치로 만든 (   )을 먹었다.

03 보기에서 알맞은 낱말을 골라 다음 문장을 바르게 완성하세요.

> **보기**
>
> 고소하다   말랑하다   반죽하다   풍성하다

1 막 구워 낸 과자라서 맛이 참 ⌈　⌉⌈　⌉하다.

2 할머니께서 심으신 나무에 열매가 ⌈　⌉⌈　⌉하게 열렸다.

10 가난한 양반 형제 이야기

1 옛날 어느 마을에 가난한 양반 형제가 살았다. 형편은 어려웠지만 우애만큼은 돈독한 형제였다. 부모님이 돌아가신 후 형은 과거에 급제하여 집안을 일으키려고 공부에만 몰두했다. 그러나 동생은 먼저 돈을 벌어서 집안을 돌본 후 과거를 보기로 마음먹었다.

"형님, 우리 둘 다 굶어 죽겠어요. 제가 주막이라도 차려 돈을 벌어 오겠습니다."

"아우야, 과거 공부는 어찌하고! 게다가 어떻게 양반이 주막 일을 하겠다 하느냐."

"형님, 입에 풀칠이라도 해야 과거 공부도 하지요. 당장 여기서는 양반 체면이 서지 않으니 아는 사람이 없는 곳에 가서 주막을 하겠습니다."

동생은 해가 뜨지 않은 이른 새벽, 형의 만류도 뿌리치고 마을 사람들이 하루를 시작하기 전에 마을을 떠났다. 그리고 아무도 모르는 곳에서 주막을 열어 장사를 시작하였다.

2 그로부터 5년이 지난 어느 날, 형은 집을 떠난 동생의 소식이 궁금하여 동생을 찾아나섰다. 그러다 어느 낯선 마을에 이르러 주막에서 바쁘게 일하는 동생을 보게 되었다. 형은 그런 동생을 한참 바라보다가 주막에 들어가 주문을 하였다.

"흠흠, 아우야! 잘 지냈느냐. 나 국밥 한 그릇 다오."

"아이고 형님! 이 먼 곳을 찾아오시다니요. 금방 갖다드리겠습니다."

형이 국밥을 맛있게 먹고 자리에서 일어서자,

"형님, 밥값은 두 푼입니다. 형제간이라도 계산은 하셔야지요."

동생은 떨리는 목소리로 형에게 밥값을 내라고 하였다.

"이런 몹쓸 녀석 같으니라고, 앉은 자리에 풀도 안 나겠다! 옜다!"

화가 난 형은 엽전 두 푼을 내던지고 돌아섰다. 그 모습을 보며 동생은 혼자 중얼거렸다.

"멀리서 찾아온 형님에게까지 밥값을 받다니……. 하지만 형님에게 돈을 받지 않았더라면 내 결심이 흔들렸을 게야."

동생의 마음을 알 리 없는 형은 화가 난 채로 주막을 떠났다.

3 그 후로 또 5년의 세월이 흘렀다. 어느 날, 형이 살고 있는 초가에 갓을 쓰고 비단옷을 입은 동생이 말을 타고 찾아왔다.

"형님, 저는 지난 십 년간 한 푼, 두 푼 돈을 모았습니다. 그래서 넓은 땅과 기와집을 마련하였습니다. 이제 저와 함께 마음 놓고 공부를 하시지요. 제가 돈만 모으는 사람이라면 한낱 모리배에 지나지 않을 것입니다."

"아우야, 나는 네 마음이 그런 줄도 모르고 서운해했구나. 네가 형인 나보다 낫다."

형제는 동생의 기와집에서 함께 공부하여 둘 다 과거에 급제하였다.

◆ **급제하여:** 과거(시험)에 합격하여
◆ **몰두했다:** 어떤 일에 온 정신을 다 기울여 열중했다.
◆ **체면:** 남을 대하기에 떳떳한 도리나 얼굴
◆ **만류:** 붙들고 못 하게 말림
◆ **한낱:** 기껏해야 대단한 것 없이 다만
◆ **모리배:** 온갖 수단과 방법으로 자기의 이익만을 얻으려는 사람

≫ 글 내용 한눈에 보기 ●●●

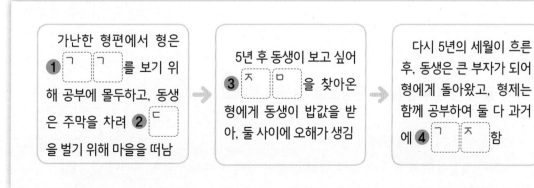

가난한 형편에서 형은 **1** ⬚⬚를 보기 위해 공부에 몰두하고, 동생은 주막을 차려 **2** ⬚을 벌기 위해 마을을 떠남

→ 5년 후 동생이 보고 싶어 **3** ⬚⬚을 찾아온 형에게 동생이 밥값을 받아, 둘 사이에 오해가 생김

→ 다시 5년의 세월이 흐른 후, 동생은 큰 부자가 되어 형에게 돌아왔고, 형제는 함께 공부하여 둘 다 과거에 **4** ⬚⬚함

글을 이해해요

내용 추론

01 이 글의 등장인물에 대해 알맞게 이해한 친구는 누구인지 쓰세요. [✎   ]

은재
집 나간 동생을 보고 싶어 하지도 않는 형은 정말 인정이 없어.

승우
끝까지 동생이 마을을 떠나지 못하게 한 형은 동생을 덜 아끼는 것 같아.

지아
힘들게 번 돈으로 형과 함께 공부하다니 동생이 형을 정말 사랑하나 봐.

내용 이해

02 동생이 마을을 떠나 멀리서 주막을 차려야 했던 이유는 무엇인가요? [✎   ]

① 형이 주막을 하려거든 멀리서 하라고 해서
② 살던 마을에서 주막을 차리기에는 돈이 부족해서
③ 사람이 많이 찾아오는 곳에서 주막을 열기 위해서
④ 양반이 하는 주막으로 소문이 나서 손님을 많이 끌기 위해서
⑤ 아는 사람들이 있는 곳에서 주막 일을 하기에는 양반 체면이 서지 않아서

내용 추론

03 주막을 찾아온 형에게 동생이 밥값을 받은 이유는 무엇일까요? [✎   ]

① 형에게 공짜로 밥을 주기 싫어서
② 오랜만에 자신을 찾아온 형이 미워서
③ 형에게 돈이 있는지 확인하기 위해서
④ 과거에 합격하지 못한 형에게 실망해서
⑤ 열심히 돈을 모아 형과 함께 과거 공부를 하기 위해서

중심 내용 쓰기

04 이 글의 중심 내용을 한 문장으로 완성해 보세요.

동생은 넉넉한 형편에서 ✎＿＿＿＿＿＿＿＿＿＿＿ 위해 마을을 떠나 주막을 차려 열심히 돈을 번 후 형을 찾아왔고, 둘은 같이 공부하여 함께 과거에 급제했다.

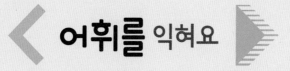

01 다음 낱말의 뜻을 찾아 바르게 연결해 보세요.

1 체면 •   • ㄱ 기껏해야 대단한 것 없이 다만

2 한낱 •   • ㄴ 남을 대하기에 떳떳한 도리나 얼굴

3 모리배 •   • ㄷ 온갖 수단과 방법으로 자기의 이익만을 얻으려는 사람

02 제시된 뜻과 예문을 참고하여 다음 초성에 해당하는 낱말을 빈칸에 쓰세요.

1 ㅁ ㅆ : 몹시 악하고 못된

  예 말을 함부로 하는 걸 보니 저 친구는 참 (   ) 사람이구나.

2 ㅁ ㄹ : 붙들고 못하게 말림

  예 나는 주위의 (   )에도 불구하고 새로운 일을 시작했다.

3 ㄱ ㅈ 하다: 과거(시험)에 합격하다.

  예 그는 젊은 나이에 과거에 (   )하여 벼슬길에 올랐다.

03 보기에서 알맞은 낱말을 골라 다음 문장을 바르게 완성하세요.

> **보기**
>
> 돈독하다   마련하다   몰두하다   주문하다

1 그는 친구들과의 관계가 ☐☐하다.

2 민하는 배고픈 것도 잊고 공부에만 ☐☐하였다.

서울은 왜 서울일까

1
- 우리나라에서 약 1,000만 명이 살고 있는 도시는 어디일까?
- 도시의 중심부에 큰 강이 흐르는 도시는 어디일까?
- 25개의 구(區)로 이루어져 있는 도시는 어디일까?
- 우리나라 정치의 중심지이자 올림픽이 개최된 도시는 어디일까?

　위 질문에 대한 답은 하나다. 바로 대한민국의 수도인 서울이다. 서울은 언제부터 우리나라의 수도였으며, 서울이라는 이름은 누가 만든 것일까?

2　삼국 시대로 거슬러 올라가 보자. 현재 서울이 있는 자리를 차지하고 있던 나라는 백제로, 백제의 수도는 처음에 위례성이었다가 나중에 한성으로 바뀐다. 신라가 이 지역을 빼앗어서 신주라고 했는데, 신주는 통일 신라 시대에는 한산주로 바뀐다. 이후 통일 신라가 다시 후고구려, 후백제, 신라로 분열되고 고려가 이 후삼국을 통일한다. 그런데 고려는 현재의 서울 지역이 아닌 경기도 북서쪽의 개경을 수도로 정한다. 이때 현재의 서울은 양주로 불리었고 후에 남경으로 승격된다. 고려가 멸망하고 조선이 세워지면서 현재의 서울 지역인 한양이 수도가 된다. 일제 강점기 때에는 한양을 경성이라고 부르다가, 광복 이후에야 비로소 지금의 서울 지역을 서울이라고 부르게 되었다.

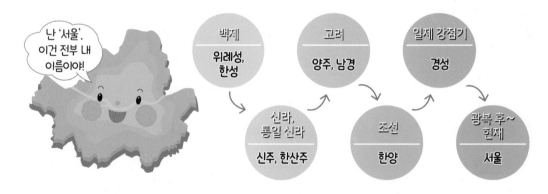

3　그렇다면 '서울'이라는 말은 어떻게 생겼을까? 신라의 옛 이름인 '서라벌', '서벌'에서 비롯되었다는 이야기가 있다. '서라벌'과 '서벌'의 '서라, 서'는 '높다'라는 뜻이고, '벌'은 '울타리'라는 뜻이다. '서라벌'과 '서벌'에서 온 '서울'이라는 말은 '높은 울타리'라는 뜻으로, 원래는 큰 마을, 즉 나라의 수도라는 의미만 지니고 있었다고 한다. 이후 시간이 흐르면서 '서울'은 나라의 수도를 의미하는 말이면서 우리나라의 특정한 지역을 가리키는 말이 되었다.

4 '서울'이라는 이름의 유래에 대한 다른 이야기도 있다. 조선을 세운 왕인 이성계는 수도를 개경에서 한양으로 옮긴 다음 성을 지었다. 이성계는 뒷산인 인왕산의 선바위를 성안에 둘지, 성 밖에 둘지 고민하였다. 그러던 어느 날 눈이 내려 밖을 보니 눈 내린 모습이 신기했다. 선바위 안쪽에는 눈이 없고, 바깥쪽에만 눈이 있었던 것이다. 그것을 본 이성계는 선바위를 성 밖에 두기로 결정하였다. 이러한 이야기로부터 한양의 성 울타리는 눈이 정해 주었다고 하여 눈이 만들어 준 울타리, 곧 '눈 설(雪)'과 '울타리'를 합쳐 '설울'이 생겼다고 한다. 그리고 이 '설울'이 지금의 '서울'이 된 것이라고 한다.

◆ **분열되고**: 집단이나 단체, 사상 따위가 갈라져 나뉘게 되고
◆ **승격된다**: 지위나 등급 따위가 오른다.
◆ **유래**: 사물이나 일이 생겨남. 또는 그 사물이나 일이 생겨난 바
◆ **선바위**: 산이나 들 또는 물 가운데에 우뚝 서 있는 커다란 바위

❤ 글 내용 한눈에 보기 ●●●

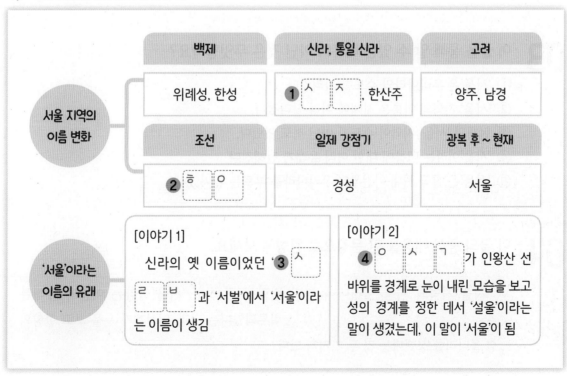

내용 이해
01 나라마다 바뀐 서울 지역의 이름을 찾아 선으로 연결하세요.

1 백제	•		•	ㄱ 경성
2 신라, 통일 신라	•		•	ㄴ 한양
3 고려	•		•	ㄷ 양주, 남경
4 조선	•		•	ㄹ 신주, 한산주
5 일제 강점기	•		•	ㅁ 위례성, 한성

내용 이해
02 현재 서울에 대한 설명으로 알맞지 <u>않은</u> 것은 무엇인가요? [✎   ]

① 25개의 구가 있다.
② 약 1,000만 명이 살고 있다.
③ 올림픽이 개최된 적이 있다.
④ 도시 안에 넓은 바다가 있다.
⑤ 우리나라 정치의 중심지이다.

내용 추론
03 이 글을 통해 알 수 있는 내용이 <u>아닌</u> 것은 무엇일까요? [✎   ]

① '서울'은 우리나라의 수도를 가리킨다.
② '서울' 지역의 이름은 시대에 따라 달라졌다.
③ 현재의 '서울' 지역이 수도가 아닌 적도 있었다.
④ '서울'이라는 이름에 대한 여러 유래가 전해진다.
⑤ '서울'은 삼국 시대 이전부터 우리나라를 부르는 말이었다.

중심 내용 쓰기
04 이 글의 중심 내용을 한 문장으로 완성해 보세요.

> 서울 지역의 이름은 시대에 따라 변화해 왔으며, '서울'이라는 이름의 유래는
> ✎_____ 비롯되었다는 것과, 이성계가 눈을 보고 한양의
> 성 울타리를 정했다는 것 두 가지가 있다.

어휘를 익혀요

01 다음 낱말의 뜻을 찾아 바르게 연결해 보세요.

1 유래 •

2 수도 •

3 중심지 •

• ㄱ 한 나라의 중앙 정부가 있는 도시

• ㄴ 어떤 일이나 활동의 중심이 되는 곳

• ㄷ 사물이나 일이 생겨남. 또는 그 사물이나 일이 생겨난 바

02 다음 낱말에 대한 설명이 맞으면 ○, 틀리면 ✕ 표시를 하세요.

1 '망하여 없어지다.'를 의미하는 낱말은 '멸망하다'이다. [○ / ✕]

2 '선바위'는 '벽처럼 깎아지르는 낭떠러지로 되어 있는 바위'를 말한다. [○ / ✕]

03 보기 에서 알맞은 낱말을 골라 다음 문장을 바르게 완성하세요.

보기

개최되다   분열되다   비롯되다   승격되다

1 울산은 1997년 광역시로 ⬚⬚되었다.

2 1988년에 올림픽 경기가 서울에서 ⬚⬚되었다.

3 그 나라는 전쟁 이후 여러 부족으로 ⬚⬚되었다.

조선 시대의 냉장고

① 푹푹 찌는 한여름이 되면 사람들은 시원한 아이스크림이나 얼음을 먹는다. 이것은 모두 냉장고 덕분이다. 그런데 냉장고가 없었던 조선 시대의 사람들도 여름에 차가운 얼음을 먹었다고 한다. 조상들은 겨울도 아닌 여름에 어떻게 얼음이 녹지 않게 두었던 것일까? 이에 대한 답은 돌로 만들어진 얼음 창고, 석빙고(石氷庫)에 있다. 석빙고에는 우리 선조들의 과학적인 지혜가 담겨 있다. 석빙고는 그 위치, 모양, 문, 내부, 환기구, 천장, 배수로 등을 모두 꼼꼼하게 계산하여 만들었다.

② 석빙고는 땅을 파서 반지하에 지었으며 윗면을 무덤처럼 둥글게 만들었다. 더운 날 지하로 내려갔을 때 시원함을 느껴 본 적이 있을 것이다. 이렇듯 석빙고는 땅 위가 아니라 반지하에 있었기 때문에 온도가 낮았다. 겉모습이 네모 모양이면 석빙고는 여름에 더운 바람을 그대로 맞게 된다. 그래서 석빙고의 윗면을 둥글게 만들어 더운 바람이 둥근 등을 타고 흘러가도록 하고 윗면에 잔디를 심어 태양열을 막았다. 또한 석빙고의 문은 일반적인 문보다 작게 만들었는데, 이는 더운 바람이 석빙고 안으로 들어가지 못하도록 하기 위해서였다.

③ 이렇게 꼼꼼하게 계산하여 만든 석빙고이지만, 너무 더운 여름에는 내부 공기가 뜨거워질 수 있었다. 그래서 천장에 빈 공간을 만들어 위로 뜬 더운 공기가 이 빈 공간에 갇혀 얼음에 접근하지 못하도록 했다. 또한 석빙고의 윗부분에는 더운 공기를 밖으로 빼는 구멍을 여러 개 만들었다. 그리고 석빙고 바닥 한가운데에 얼음이 녹은 물이 빠져나갈 수 있는 배수로를 만들었다. 얼음에서 녹아 흐른 물이 다른 얼음까지 녹일 수 있기 때문에 이를 막기 위해서였다.

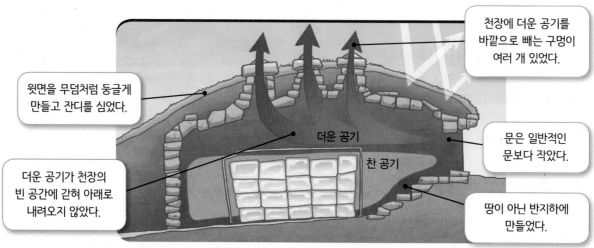

윗면을 무덤처럼 둥글게 만들고 잔디를 심었다.

더운 공기가 천장의 빈 공간에 갇혀 아래로 내려오지 않았다.

더운 공기

찬 공기

천장에 더운 공기를 바깥으로 빼는 구멍이 여러 개 있었다.

문은 일반적인 문보다 작았다.

땅이 아닌 반지하에 만들었다.

④ 이렇게 석빙고를 지을 때 과학적 원리를 이용했을 뿐만 아니라 석빙고를 지을 장소를 고를 때에도 자연의 원리를 활용했다. 석빙고는 강과 시내 주위에 지어졌다. 추운 겨울에 강이나 시내의 얼음이 단단하게 얼면 얼음을 잘라 석빙고에 넣어 저장해야 했기 때문이다. 또 뒤쪽에 산이 없는 곳에 석빙고를 지었다. 우리나라에는 겨울이 되면 북서쪽에서 차가운 바람이 불어오는데, 이 차가운 바람이 석빙고에 닿아야 얼음이 녹지 않도록 보관하는 데 도움이 된다. 그래서 겨울바람이 잘 닿는 곳에 석빙고를 지은 것이다. 이렇게 과학적 원리와 자연의 원리를 잘 활용하여 지은 석빙고에는 우리 조상들의 슬기가 담겨 있다.

◆ **환기구**: 탁한 공기를 맑은 공기로 바꾸거나 온도 조절을 하기 위하여 만든 구멍
◆ **배수로**: 물이 빠져나갈 수 있도록 만든 길
◆ **반지하**: 절반쯤이 땅바닥 아래로 파고 들어가 있는 공간
◆ **시내**: 골짜기나 평지에서 흐르는 자그마한 물줄기

≫ 글 내용 한눈에 보기 •••

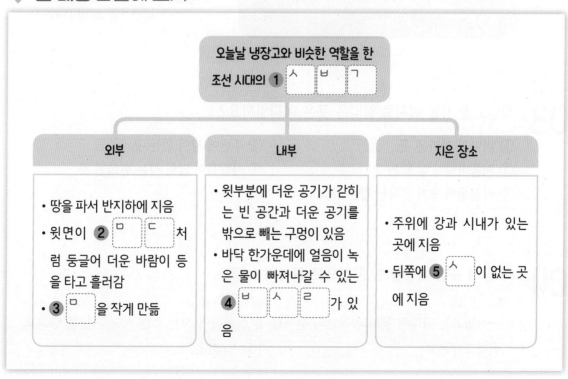

오늘날 냉장고와 비슷한 역할을 한 조선 시대의 **1** ㅅ ㅂ ㄱ

외부	내부	지은 장소
• 땅을 파서 반지하에 지음 • 윗면이 **2** ㅁ ㄷ 처럼 둥글어 더운 바람이 등을 타고 흘러감 • **3** ㅁ 을 작게 만듦	• 윗부분에 더운 공기가 갇히는 빈 공간과 더운 공기를 밖으로 빼는 구멍이 있음 • 바닥 한가운데에 얼음이 녹은 물이 빠져나갈 수 있는 **4** ㅂ ㅅ ㄹ 가 있음	• 주위에 강과 시내가 있는 곳에 지음 • 뒤쪽에 **5** ㅅ 이 없는 곳에 지음

글을 이해해요

내용 이해

01 석빙고에 대한 설명과 그 이유가 알맞게 연결되지 <u>않은</u> 것은 무엇인가요?

[✎   ]

	석빙고에 대한 설명	그 이유
①	반지하에 지음	땅 위보다 지하의 온도가 낮음
②	문을 작게 만듦	더운 바람이 들어오지 못하게 함
③	윗면에 잔디를 심음	태양열을 막아 안을 시원하게 함
④	윗면을 둥글게 지음	더운 바람이 둥근 면을 타고 흘러감
⑤	물이 빠지는 길을 바닥에 만듦	얼음이 녹은 물을 이용해 내부 온도를 낮춤

내용 이해

02 다음 그림은 석빙고 안에서 공기가 움직이는 모습을 나타낸 것입니다. ㄱ~ㄷ 중에서 알맞지 <u>않은</u> 것은 무엇인가요?

[✎   ]

ㄱ 더운 공기가 천장의 빈 공간으로 모인다.

ㄴ 찬 공기는 아래에 머문다.

ㄷ 찬 공기와 더운 공기가 만나 석빙고 바닥으로 빠져나간다.

내용 추론

03 석빙고를 지을 위치로 알맞은 곳은 어디일까요?

[✎   ]

① 바다가 가까운 곳   ② 주변에 강이 없는 곳
③ 겨울바람이 잘 닿는 곳   ④ 사람들이 많이 사는 번화한 곳
⑤ 사람들이 오지 못하는 깊은 산속

중심 내용 쓰기

04 이 글의 중심 내용을 한 문장으로 완성해 보세요.

석빙고는 과학적 원리와 자연의 원리를 잘 활용하여 지은 조선 시대의 얼음 창고로, 석빙고에는 ✎_____가 담겨 있다.

어휘를 익혀요

정답과 해설 29쪽

01 다음 낱말의 뜻을 찾아 바르게 연결해 보세요.

1 반지하 •

2 배수로 •

3 환기구 •

• **ㄱ** 물이 빠져나갈 수 있도록 만든 길

• **ㄴ** 절반쯤이 땅바닥 아래로 파고 들어가 있는 공간

• **ㄷ** 탁한 공기를 맑은 공기로 바꾸거나 온도 조절을 하기 위하여 만든 구멍

02 제시된 뜻과 예문을 참고하여 다음 초성에 해당하는 낱말을 빈칸에 쓰세요.

1 ㅌ ㅇ ㅇ : 태양에서 나와 지구에 다다르는 열

예 (   )이 너무 뜨거워서 길의 아스팔트가 녹을 정도이다.

2 ㅅ ㄴ : 골짜기나 평지에서 흐르는 자그마한 물줄기

예 이 마을 (   )의 물은 너무나 맑고 깨끗하다.

3 ㅅ ㄱ : 사리를 바르게 판단하고 일을 잘 처리해 내는 재능

예 온돌은 우리 조상들의 (   )가 담긴 소중한 유산이다.

03 보기 에서 알맞은 낱말을 골라 다음 문장을 바르게 완성하세요.

> **보기**
>
> 계산하다   저장하다   접근하다   활용하다

1 다람쥐는 땅속에 굴을 파고 그곳에 먹이를 [   ][   ]한다.

2 김 작가는 종이와 천을 [   ][   ]하여 작품을 만들기로 유명하다.

13 분수와 소수, 무엇을 쓸까

① 수학을 배우면서 알게 되는 개념 중 하나로 분수와 소수가 있다. 그런데 우리는 이 분수와 소수를 일상생활 속에서도 쉽게 찾아볼 수 있다. 예를 들어, 평소 우리는 피자를 먹을

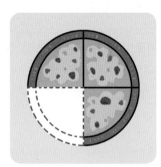

때 왼쪽 그림처럼 여러 개로 조각을 낸다. 그렇다면 이 그림과 같은 경우, 피자가 얼마나 남았다고 표현할까? 전체 피자는 모두 네 조각인데 그중에 세 조각이 남았으니 남은 피자는 $\frac{3}{4}$이라고 나타낸다. 이렇게 전체에 대한 부분을 나타낼 때 분수를 사용한다. 그럼 먹은 피자를 분수로 나타내면 무엇일까? 하나의 피자를 똑같이 네 조각으로 나누었으니 분모는 4이고, 먹은 것은 한 조각이니까 분자는 1이다. 따라서 $\frac{1}{4}$로 나타내는데, 이때 분모와 분자 사이의 선을 가로선이라고 한다. 그리고 이 분수는 '사(4)분의 일(1)'이라고 읽는다. 그렇다면 이런 경우는 어

떨까? 하나의 큰 롤케이크를 잘라 세 사람이 나누어 먹었다. 한 사람당 케이크의 $\frac{1}{3}$씩 먹은 것은 오른쪽 그림에서 ㄱ일까? ㄴ일까? 답은 ㄱ이다. 분수는 전체를 '똑같은' 크기로 나누었을 때 사용하는 것이기 때문이다.

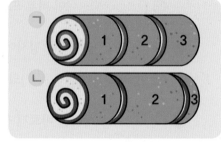

② 한편 소수는 1보다 작은 부분을 나타내는 수이다. 분수는 소수로, 소수는 분수로 바꿀 수 있다. 특히, 분모가 10, 100 등 10의 거듭제곱인 분수는 소수로 표현하기 쉽다. 예를 들어, 분수 $\frac{1}{10}$은 소수 0.1로, 분수 $\frac{20}{100}$은 소수 0.2로 표현한다. 소수에 쓰는 기호 '.'은 '소수점'이라고 한다. 읽을 때에는 '점'이라고 읽어서 '0.1'은 '영 점 일', '0.2'는 '영 점 이'와 같이 읽는다. 1 cm를 10으로 똑같이 나누었을 때, 7 mm는 $\frac{7}{10}$ cm 또는 0.7 cm로 표현할 수 있다. 일반적으로 cm, kg, ℓ 와 같은 단위를 쓸 때는 분수보다 소수를 더 많이 사용한다.

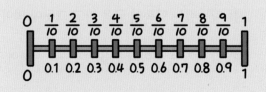

3 그렇다면 우리는 왜 분수와 소수를 모두 쓰게 된 것일까? 분수는 하나의 대상을 나누었을 때 부분의 값을 표현할 때 유용하다. 하지만 분모가 다른 분수끼리는 서로 크기를 비교하기가 어렵다. 예를 들어, 분모가 다른 분수인 $\frac{7}{10}$과 $\frac{1}{2}$ 중 어느 것이 더 큰 것인지는 한 번에 바로 파악되지 않는다. 그러나 이를 소수로 바꾸어서 각각 0.7과 0.5로 나타내면 그 크기가 바로 비교가 된다. 이처럼 수끼리 크기를 비교할 때는 분수 대신 소수를 사용하는 것이 더 편리하다. 이제 분수와 소수의 특징과 쓰임을 알았으니 일상생활 속에서 적절히 사용해 보자.

◆ **거듭제곱**: 같은 수를 거듭 곱하여 얻어진 수
◆ **유용하다**: 쓸모가 있다.

≫ 글 내용 한눈에 보기 ●●●

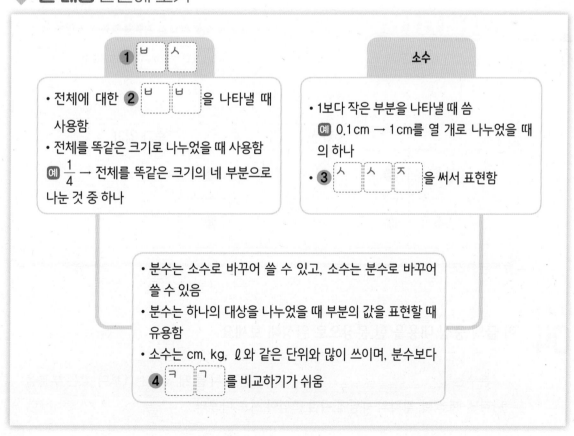

• **1** [ㅂ][ㅅ]
  • 전체에 대한 **2** [ㅂ][ㅂ]을 나타낼 때 사용함
  • 전체를 똑같은 크기로 나누었을 때 사용함
  예 $\frac{1}{4}$ → 전체를 똑같은 크기의 네 부분으로 나눈 것 중 하나

• **소수**
  • 1보다 작은 부분을 나타낼 때 씀
  예 0.1 cm → 1 cm를 열 개로 나누었을 때의 하나
  • **3** [ㅅ][ㅅ][ㅈ]을 써서 표현함

• 분수는 소수로 바꾸어 쓸 수 있고, 소수는 분수로 바꾸어 쓸 수 있음
• 분수는 하나의 대상을 나누었을 때 부분의 값을 표현할 때 유용함
• 소수는 cm, kg, ℓ와 같은 단위와 많이 쓰이며, 분수보다 **4** [ㅋ][ㄱ]를 비교하기가 쉬움

글을 이해해요

내용 추론

01 다음 분수에 대한 설명으로 알맞지 <u>않은</u> 것은 무엇일까요? [✎   ]

$$\frac{2}{7}$$

① 1보다 작은 수이다.
② 이 분수의 분자는 2이다.
③ 이 분수의 분모는 7이다.
④ '이분의 칠'이라고 읽는다.
⑤ 2와 7 사이에 있는 것을 가로선이라고 한다.

내용 이해

02 분수보다 소수를 사용하기에 알맞은 때는 언제인가요? [✎   ]

① 두 숫자가 1보다 클 때
② 두 숫자가 1보다 작을 때
③ 하나의 숫자를 나타낼 때
④ 두 숫자의 크기를 비교할 때
⑤ 여러 숫자를 한꺼번에 읽을 때

내용 추론

03 다음 그림에서 색칠한 부분을 분수와 소수로 어떻게 쓰고 읽어야 하는지 쓰세요.

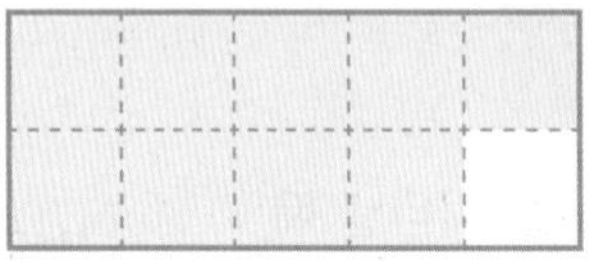

	숫자 쓰기	숫자 읽기
분수	❶	❷
소수	❸	❹

중심 내용 쓰기

04 이 글의 중심 내용을 한 문장으로 완성해 보세요.

분수는 ✎_____을 나타낼 때, 소수는 1보다 작은 부분을 나타낼 때 쓰며, 각각의 특징에 따라 쓰임이 서로 다르다.

01 다음 낱말의 뜻을 찾아 바르게 연결해 보세요.

1 분모 •

2 분자 •

3 소수 •

• ㄱ 일의 자리보다 작은 자리의 값을 가진 수

• ㄴ 분수 또는 분수식에서, 가로줄 위에 있는 수 나 식

• ㄷ 분수 또는 분수식에서, 가로줄 아래에 있는 수나 식

02 제시된 뜻과 예문을 참고하여 다음 초성에 해당하는 낱말을 빈칸에 쓰세요.

1 ㅇ ㅇ 하다: 쓸모가 있다.

예 이 가방은 저 가방보다 커서 물건을 많이 담기에 더 (   )하다.

2 ㅅ ㅅ ㅈ : 소수에서 사용하는 부호 ' . '을 이르는 말

예 소수 0.7에서 (   ) 이후에 오는 수는 7이다.

3 ㅂ ㅅ : 어떤 수 a를 0이 아닌 수 b로 나눈 몫을 $\frac{a}{b}$의 형식으로 나타낸 것

예 (   )의 분모가 10인 경우에는 소수로 표현하기 쉽다.

03 보기 에서 알맞은 낱말을 골라 다음 문장을 바르게 완성하세요.

보기

비교하다   사용하다   편리하다   표현하다

1 두 과자의 값을 [   ] 해 보니 이 과자가 5백 원 더 비싸다.

2 물건이 잘 정돈되어 있는 가게에서는 물건을 고르기가 [   ] 하다.

14 금성, 어디까지 알고 있니

1️⃣ 해가 진 후의 서쪽 하늘이나 해가 떠오른 동쪽 하늘에서 밝게 빛나는 별을 본 적이 있는가? 유난히 반짝이고 있는 그 별이 바로 태양계의 두 번째 행성인 금성이다. 금성은 아침에는 동쪽 하늘에서 밝게 빛나고, 저녁에는 서쪽 하늘에서 밝게 빛난다. 그래서 옛날 사람들도 금성이 하늘에 존재한다는 것을 알았다고 한다. 그렇다면 지금부터 금성에 대한 몇 가지 사실을 알아보자.

2️⃣ 금성은 우리가 살고 있는 지구와 가장 가까이 있는 행성이다. 태양계를 보면 태양으로부터 수성, 금성, 지구, 화성 순서로 멀리 떨어져 있어 금성은 수성과 지구 사이에 위치한다. 금성이 지구와 가장 가까울 때는 약 4,100만 km 정도 떨어진 곳에 존재한다. 화성이 지구와 가장 가까울 때 약 6,000만 km 떨어져 있다고 하니, 화성보다 금성이 지구에 더 가까이 있는 것이다. 또한 금성과 지구는 크기도 비슷해서 우주에서 볼 때 마치 쌍둥이별처럼 보이기도 한다.

3️⃣ 금성은 이름이 여러 가지이다. 서양에서 금성은 사랑과 아름다움의 여신인 '비너스'라는 이름으로 불렸다. 우리나라에서는 저녁에 보이는 금성과 새벽에 보이는 금성을 다른 이름으로 구분하여 불렀다. 보통 해가 진 후 저녁 무렵에 서쪽 하늘에서 빛나는 금성은 '개밥바라기'로 불렸다. 이는 '개의 밥을 담는 그릇'이라는 뜻으로 개가 저녁밥을 기다리는 시간에 뜨는 별이라는 의미를 지닌다. 그리고 새벽녘 동쪽 하늘에서 밝게 빛나는 금성은 '새벽의 별'이라는 뜻의 '샛별'이라고 불렸다.

4️⃣ 금성은 표면이 매우 뜨겁다. 금성은 태양과 가까워서 지구보다 더 많은 양의 햇빛을 받기 때문이다. 1989년 미국에서 쏘아 올린 우주선 마젤란호는 온통 이산화 탄소 구름으로 덮여 있는 금성의 표면을 정밀 촬영하였다. 태양열은 금성의 표면을 뜨겁게 달구고,

공기 중의 이산화 탄소는 열을 가두어서 빠져나가지 못하게 한다. 이로 인하여 금성의 표면 온도는 462 ℃까지 올라간다.

5 금성에는 생명체가 살 가능성이 매우 낮다. 앞서 말한 것처럼 금성은 표면이 매우 뜨거울 뿐 아니라 대기가 이산화 탄소로 가득 차 있기 때문이다. 또한 액체 상태의 물도 없어서 생명체가 살 수 없다. 지구와 거리도 가깝고 크기도 비슷한 금성이 하늘에서 빛나는 것을 본 옛날 사람들은 금성에 많은 관심을 가졌다. 어떤 사람들은 '혹시 금성에 외계인이 살고 있는 것은 아닐까?'라고 생각하기도 했다. 그러나 탐사 결과 금성은 생명체가 살 가능성이 매우 낮은 행성임이 밝혀졌다.

◆ **유난히**: 말이나 행동, 상태가 보통과 아주 다르게
◆ **태양계**: 태양과 태양을 중심으로 일정하게 빙빙 도는 여러 천체의 모임
◆ **행성**: 태양의 둘레를 도는 별. 태양계에는 수성, 금성, 지구, 화성, 목성, 토성, 천왕성, 해왕성의 여덟 개 행성이 있음
◆ **표면**: 사물의 가장 바깥쪽. 또는 가장 윗부분
◆ **정밀**: 아주 정교하고 치밀하여 빈틈이 없고 자세함
◆ **탐사**: 알려지지 않은 사물이나 사실 따위를 샅샅이 더듬어 조사함

❤ 글 내용 한눈에 보기 ●●●

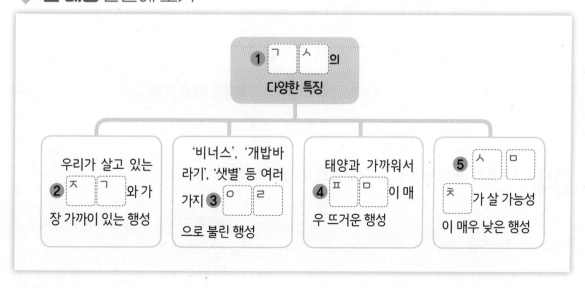

01 이 글의 내용으로 알맞지 <u>않은</u> 것은 무엇인가요? [✎   ]

① 금성은 태양계에서 가장 아름다운 행성이다.
② 금성은 초저녁과 해가 뜰 무렵에 밝게 빛난다.
③ 금성은 태양계의 행성 중 지구와 거리가 가장 가깝다.
④ 금성의 표면은 대기 중 이산화 탄소의 영향으로 매우 뜨겁다.
⑤ 금성은 지구와 크기가 비슷해서 쌍둥이별처럼 보이기도 한다.

02 금성의 다양한 이름과 그 이름에 대한 설명을 각각 선으로 연결하세요.

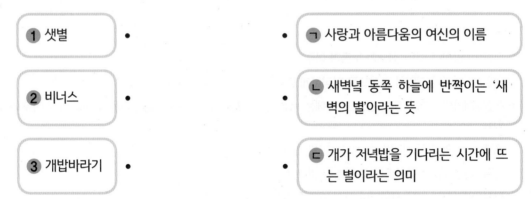

❶ 샛별 ·

❷ 비너스 ·

❸ 개밥바라기 ·

· ㄱ 사랑과 아름다움의 여신의 이름

· ㄴ 새벽녘 동쪽 하늘에 반짝이는 '새벽의 별'이라는 뜻

· ㄷ 개가 저녁밥을 기다리는 시간에 뜨는 별이라는 의미

03 다음은 금성에 생명체가 살 수 없는 이유를 정리한 것입니다. 빈칸에 들어갈 알맞은 말을 쓰세요.

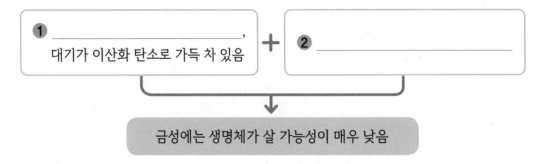

❶ _____,
대기가 이산화 탄소로 가득 차 있음

➕

❷ _____

⬇

금성에는 생명체가 살 가능성이 매우 낮음

04 이 글의 중심 내용을 한 문장으로 완성해 보세요.

금성은 ✎_____, 다양한 이름으로 불리며, 표면이 매우 뜨겁고, 생명체가 살 가능성이 매우 낮다는 특징을 지니고 있다.

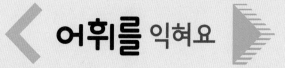

01 다음 낱말의 뜻을 찾아 바르게 연결해 보세요.

1 대기 •

2 탐사 •

3 유난히 •

• ㄱ 천체의 바깥쪽을 둘러싸고 있는 기체

• ㄴ 말이나 행동, 상태가 보통과 아주 다르게

• ㄷ 알려지지 않은 사물이나 사실 따위를 샅샅이 더듬어 조사함

02 제시된 뜻과 예문을 참고하여 다음 초성에 해당하는 낱말을 빈칸에 쓰세요.

1 ㅍ ㅁ : 사물의 가장 바깥쪽. 또는 가장 윗부분

예 달의 (   )에는 구덩이가 많다.

2 ㅈ ㅁ : 아주 정교하고 치밀하여 빈틈이 없고 자세함

예 건강이 걱정되어 (   ) 건강 검진을 받았다.

3 ㅌ ㅇ ㄱ : 태양과 태양을 중심으로 일정하게 빙빙 도는 여러 천체의 모임

예 (   )의 별들은 태양을 중심으로 하여 돈다.

03 다음 문장에 들어갈 알맞은 낱말을 보기에서 찾아 쓰세요.

보기

| 액체 | 행성 | 가능성 | 새벽녘 |

1 오늘 저녁은 눈이 내릴 [   ][   ][   ]이 높다.

2 지구는 태양 주변을 돌며 태양 빛을 반사시키는 [   ][   ]이다.

수화로 숫자 표현하기

1 '수화'는 손의 움직임을 포함한 신체적 신호를 이용하여 의사를 전달하는 시각 언어로, '수화 언어' 또는 '수어'라고도 한다. 수화는 손과 손가락의 모양과 위치, 방향, 그리고 표정과 입술의 움직임 등을 종합하여 의미를 나타낸다. 수화는 보통 청각 장애가 있어 소리를 듣지 못하는 사람들이 사용한다. 또한 소리를 들을 수 있는 사람들이 청각 장애인과 소통을 하기 위해 수화를 배워서 사용하기도 한다. 수화를 배운다는 것은 영어, 중국어를 배우는 것처럼 새로운 언어를 배우면서 청각 장애인에 대한 이해를 넓히는 기회이기도 하다.

2 수화 중 가장 기본적인 것으로 숫자를 표현하는 방법에 대해 알아보면 다음과 같다. 우선 숫자 수화를 쉽게 배우기 위해서는 손가락에 순번을 정해야 한다. 두 번째 손가락을 1지라 부르고 그다음부터 순서대로 번호를 붙이면, 가운데인 세 번째 손가락이 2지, 네 번째 손가락이 3지, 새끼손가락이 4지가 된다. 그리고 마지막으로 엄지손가락이 5지가 된다.

3 숫자 1은 1지만을 편 상태를 말한다. 즉, 주먹을 쥔 상태에서 두 번째 손가락만 펴 주면 1이 된다. 숫자 2는 1지와 2지를 함께 편 상태를 말한다. 이렇게 1지를 편 채로 4지까지 하나씩 펴 나가면 4까지 표현할 수 있다. 그럼 숫자 5는 어떻게 표현할까? 다섯 개의 손가락을 모두 펴면 5일까? 아니다. 다른 네 개의 손가락은 모두 접은 채로 엄지손가락만 펴는 것이 5이다. 6부터 9는 엄지손가락을 편 채로 1지부터 4지까지 하나씩 펴 주면 된다. 즉, 엄지손가락과 두 번째 손가락을 편 상태가 6이고, 손가락을 다 편 상태는 9가 되는 것이다. 마지막으로 10은 두 번째 손가락을 완전히 접지 않고 살짝 구부려서 표현한다.

④ 2016년 2월 3일 한국 수화 언어법이 제정되면서 청각 장애인의 한국 수어가 국어와 동등한 언어임을 인정받게 되었다. 이를 기념하고 사람들에게 널리 알리기 위해 매년 2월 3일이 한국 수어의 날로 정해졌다. 이렇게 한국 수어의 위상이 높아진 상황에서 우리도 숫자를 비롯하여 인사나 안부를 묻는 것과 같은 간단한 수화를 배워 보는 것은 어떨까? 이를 통해 청각 장애인을 이해하고 차별 없이 존중하는 자세를 갖는 데 한 발 더 다가갈 수 있을 것이다.

◆ **제정되면서**: 제도나 법률 따위가 만들어져서 정해지면서
◆ **동등한**: 등급이나 정도가 같은
◆ **위상**: 어떤 사물이 다른 사물과의 관계 속에서 가지는 위치나 상태

⌄⌄ 글 내용 한눈에 보기 •••

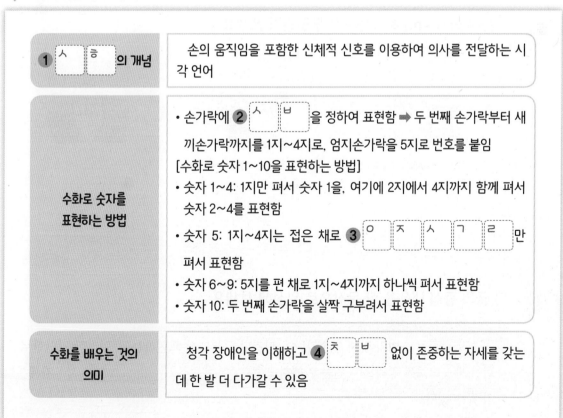

1 ⬜ㅅ⬜ㅎ⬜의 개념	손의 움직임을 포함한 신체적 신호를 이용하여 의사를 전달하는 시각 언어
수화로 숫자를 표현하는 방법	• 손가락에 ❷ ⬜ㅅ⬜ㅂ⬜을 정하여 표현함 ➡ 두 번째 손가락부터 새끼손가락까지를 1지~4지로, 엄지손가락을 5지로 번호를 붙임 [수화로 숫자 1~10을 표현하는 방법] • 숫자 1~4: 1지만 펴서 숫자 1을, 여기에 2지에서 4지까지 함께 펴서 숫자 2~4를 표현함 • 숫자 5: 1지~4지는 접은 채로 ❸ ⬜ㅇ⬜ㅈ⬜ㅅ⬜ㄱ⬜ㄹ⬜만 펴서 표현함 • 숫자 6~9: 5지를 편 채로 1지~4지까지 하나씩 펴서 표현함 • 숫자 10: 두 번째 손가락을 살짝 구부려서 표현함
수화를 배우는 것의 의미	청각 장애인을 이해하고 ❹ ⬜ㅊ⬜ㅂ⬜ 없이 존중하는 자세를 갖는 데 한 발 더 다가갈 수 있음

내용 이해

01 수화에 대한 설명이 맞으면 ○, 틀리면 ✕ 표시를 하세요.

1 수화는 손과 손가락의 모양과 위치 등을 통해 의미를 나타낸다. [○ / ✕]

2 수화를 배우는 것은 청각 장애인에 대한 이해를 넓힐 수 있는 기회이다. [○ / ✕]

3 수화는 청각 장애가 있어 소리를 듣지 못하는 사람들 사이에서만 사용된다. [○ / ✕]

내용 추론

02 수화로 숫자를 표현하는 방법으로 알맞지 <u>않은</u> 것은 무엇일까요? [✎   ]

① 다섯 개의 손가락을 모두 펴면 5를 뜻한다.
② 주먹을 쥔 상태에서 1지만 쭉 펴면 1이 된다.
③ 두 번째, 세 번째 손가락을 함께 펴면 2를 나타낸다.
④ 엄지손가락과 두 번째 손가락을 함께 펴면 6을 나타낸다.
⑤ 1지를 편 상태에서 2지부터 4지까지 하나씩 펴 나가면 2부터 4까지 표현할 수 있다.

내용 이해

03 다음 수화가 나타내는 숫자가 무엇인지 쓰세요.

1

2

3

중심 내용 쓰기

04 이 글의 중심 내용을 한 문장으로 완성해 보세요.

> 숫자 수화는 순번이 정해진 손가락을 펴거나 구부려서 표현하는데, 이러한 간단한 수화를 배움으로써 청각 장애인을 이해하고 ✎_____ 자세를 가질 수 있다.

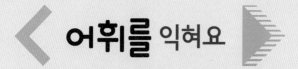

01 다음 낱말의 뜻을 찾아 바르게 연결해 보세요.

1 의사 •

2 차별 •

3 청각 •

• ㄱ 소리를 느끼는 감각

• ㄴ 무엇을 하고자 하는 생각

• ㄷ 둘 이상의 대상을 각각 등급이나 수준 따위의 차이를 두어서 구별함

02 제시된 뜻과 예문을 참고하여 다음 초성에 해당하는 낱말을 빈칸에 쓰세요.

1 ㄷㄷ 하다: 등급이나 정도가 같다.

　예 나이나 성별에 관계없이 모든 국민은 법 앞에서 (　　　　　)한 권리를 가진다.

2 ㅈㅈ 하다: 높이어 귀중하게 대하다.

　예 친한 친구 사이일수록 서로의 의견을 (　　　　　)해야 한다.

3 ㅈㅈ 되다: 제도나 법률 따위가 만들어져서 정하여지다.

　예 어린이날은 1975년에 공휴일로 (　　　　　)되었다.

03 보기 에서 알맞은 낱말을 골라 다음 문장을 바르게 완성하세요.

보기
소통　　위상　　장애　　이용하다　　종합하다

1 수업 시간 태도와 수행 평가 점수를 □□하여 성적표가 나왔다.

2 헬렌 켈러는 어렸을 때 병으로 인해 앞을 못 보게 되는 □□를 얻었다.

3 올림픽을 열어 국가의 □□을 한층 더 높여 주는 계기를 마련해야 한다.

16 편두통의 원인과 예방법

❶ **사회자**: 여러분 안녕하십니까? 오늘은 ○○ 병원 이민수 박사님과 편두통에 대해 알아
보겠습니다. 박사님, 편두통이 무엇입니까?

이 박사: 편두통은 한쪽 머리만 심하게 아픈 증상을 말합니다. 주로 주기적으로 발생하는데
갑자기 일어나기도 합니다.

사회자: 그렇다면 편두통의 원인은 무엇일까요?

이 박사: 음… 의학적인 여러 가설이나 이론을 통해 편두통의 원인이 제기되고 있지만, 정
확한 원인이라 할 만한 것은 아직 없습니다.

❷ **사회자**: 편두통의 원인이 정확하게는 알려져 있지 않다는 말씀이군요? 그렇다 하더라
도 보통 어떤 경우에 편두통이 생깁니까?

이 박사: 편두통은 스트레스를 심하게 받거나 수면 시간이 부족한 경우, 격렬한 운동이나
불규칙한 생활을 하는 경우에 생길 수 있습니다. 심지어 사람에 따라서는 밝은 빛이나 날
씨의 변화, 높은 장소 때문에 편두통이 생기기도 하지요.

사회자: 편두통이 생기는 경우가 참 다양하군요. 박사님, 학생들 중에 두통을 겪는 학생들
이 있어서요. 잠시 질문을 받아 보겠습니다. 질문이 있는 학생은 질문하세요.

❸ **학생**: 박사님, 저는 시험이 있거나 스트레스를 받을 때 머리가 많이 아픕니다. 이것도
편두통이라고 할 수 있습니까?

이 박사: 자세한 건 진단해 봐야 알겠지만, 아마도 그건 긴장에 의한 두통일 거예요. 편두통
과는 조금 다른데, 학생들이 많이 겪는 두통이지요.

학생: 한 가지만 더 질문하겠습니다. 전에 튀긴 음식을 먹
었다가 한쪽 머리가 몹시 아팠던 적이 있었습니다. 음식
에 의해서도 편두통이 생길 수 있습니까?

이 박사: 그럼요. 튀긴 음식과 같이 기름이 많은 음식은 물
론이고 적포도주나 여러분들이 좋아하는 초콜릿, 치즈,
감귤류 등도 편두통을 유발합니다.

사회자: 그런 음식들이 편두통과 관련이 있다는 것이 놀랍
습니다.

4 **이 박사:** 편두통 환자 대부분은 그 고통 때문에 일상생활을 하는 데도 많은 지장을 받고 있습니다. 그래서 치료와 예방을 잘해야 합니다.

사회자: 그렇군요. 박사님, 편두통을 예방하기 위한 방법에는 무엇이 있을까요?

이 박사: 먼저 일상생활에서 받는 스트레스를 줄여야 합니다. 그리고 부족한 수면 시간을 늘리거나 적절한 운동을 하는 것도 도움이 됩니다. 무엇보다 스스로 편두통을 언제 겪는지를 알고 대비하는 것이 중요하지요.

사회자: 그렇군요. 박사님, 오늘 좋은 말씀 감사합니다.

◆ **주기적:** 일정한 간격을 두고 되풀이하여 진행하거나 나타나는 것
◆ **지장:** 일하는 데 거치적거리거나 방해가 되는 장애

❖ 글 내용 한눈에 보기 ●●●

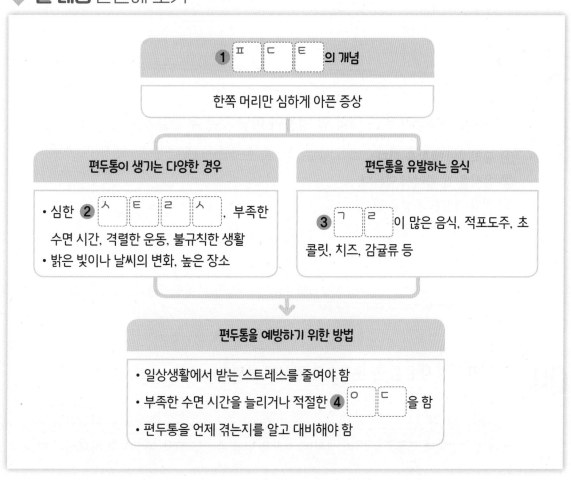

1 ㅍ ㄷ ㅌ 의 개념

한쪽 머리만 심하게 아픈 증상

편두통이 생기는 다양한 경우
• 심한 **2** ㅅ ㅌ ㄹ ㅅ , 부족한 수면 시간, 격렬한 운동, 불규칙한 생활
• 밝은 빛이나 날씨의 변화, 높은 장소

편두통을 유발하는 음식
3 ㄱ ㄹ 이 많은 음식, 적포도주, 초콜릿, 치즈, 감귤류 등

편두통을 예방하기 위한 방법
• 일상생활에서 받는 스트레스를 줄여야 함
• 부족한 수면 시간을 늘리거나 적절한 **4** ㅇ ㄷ 을 함
• 편두통을 언제 겪는지를 알고 대비해야 함

내용 이해

01 이 글에 대한 설명으로 알맞지 <u>않은</u> 것은 무엇인가요? [✎   ]

① 편두통은 주기적으로 발생하는 편이다.
② 특정 음식 때문에 편두통이 생길 수 있다.
③ 편두통은 과한 스트레스에 의해 발생할 수 있다.
④ 편두통의 원인은 의학적으로 정확하게 밝혀져 있다.
⑤ 사람에 따라서는 밝은 빛이 편두통을 유발하기도 한다.

내용 이해

02 편두통 치료와 예방을 잘해야 하는 까닭은 무엇인가요? [✎   ]

① 편두통은 생명에 치명적인 위험이 되기 때문에
② 편두통은 예상치 못한 때에 갑자기 발생하기 때문에
③ 편두통으로 인해 다른 질병들이 유발될 수 있기 때문에
④ 편두통의 고통으로 인해 일상생활에 지장을 받기 때문에
⑤ 편두통 증상은 한 번 나타나면 없애기가 매우 힘들기 때문에

내용 추론

03 편두통을 극복하기 위해 해야 할 행동이 <u>아닌</u> 것은 무엇일까요? [✎   ]

① 규칙적인 생활을 한다.
② 음식을 잘 가려서 먹는다.
③ 매일 격렬한 운동을 한다.
④ 스트레스 받는 일을 줄인다.
⑤ 높은 장소에 가는 것을 주의한다.

중심 내용 쓰기

04 이 글의 중심 내용을 한 문장으로 완성해 보세요.

> 편두통이란 ✎_____ 증상으로, 다양한 이유에
> 의해 유발되며 고통으로 인해 생활에 지장을 받을 수 있으므로 예방하고 치료해야 한다.

어휘를 익혀요

정답과 해설 37쪽

01 다음 낱말의 뜻을 찾아 바르게 연결해 보세요.

1 긴장 •　　　•　ㄱ 마음을 조이고 정신을 바짝 차림

2 예방 •　　　•　ㄴ 일하는 데 거치적거리거나 방해가 되는 장애

3 지장 •　　　•　ㄷ 질병이나 재해 따위가 일어나기 전에 미리 대처하여 막는 일

02 제시된 뜻과 예문을 참고하여 다음 초성에 해당하는 낱말을 빈칸에 쓰세요.

1 ㄱ ㅅ : 어떤 사실을 설명하기 위해 설정한 가정

예 그는 자신의 이론을 설명한 후, 아직은 (　　　　　)일 뿐이라고 말했다.

2 ㅂ ㄱ ㅊ 하다: 규칙에서 벗어나 있다. 또는 규칙이 없다.

예 (　　　　　)한 생활은 건강에 좋지 않다.

3 ㅈ ㄱ ㅈ : 일정한 간격을 두고 되풀이하여 진행하거나 나타나는 것

예 할아버지께서는 나에게 용돈을 (　　　　　)으로 주신다.

03 보기 에서 알맞은 낱말을 골라 다음 문장을 바르게 완성하세요.

> **보기**
>
> 격렬하다　　　대비하다　　　유발하다　　　진단하다

1 정부는 환경 오염을 □□□한 업체에 벌금을 물렸다.

2 □□□한 운동을 하기 전에는 미리 스트레칭으로 몸을 풀어 주어야 한다.

17 위대한 과학자, 마리 퀴리

❶ '퀴리 부인'으로 불리기도 하는 '마리 퀴리'는 세계에서 가장 유명한 과학자 중 한 사람이다. 마리 퀴리는 뛰어난 과학적 업적을 이뤄 노벨상을 두 번이나 받았다. 평생 인내하며 성실하게 연구했기 때문이다. 하지만 바로 그 연구 때문에 마리 퀴리는 죽음에 이르게 되었다. 도대체 어떤 연구이기에 목숨이 위험한데도 마리 퀴리는 연구를 멈추지 않았을까?

❷ 1867년, 폴란드 바르샤바에서 태어난 마리 퀴리는 자라서 프랑스의 소르본 대학에서 물리학과 수학을 공부했다. 당시는 물리학자 뢴트겐이 사람의 뼈를 투시할 수 있는 엑스선을 발견하고, 또 다른 물리학자 베크렐도 우라늄에서 엑스선과 또 다른 방사선이 나온다는 것을 알아낸 때이다. 마리 퀴리는 이 발견에 흥미를 느꼈다. 그래서 남편 피에르 퀴리와 함께 초라한 실험실에서 방사선을 내는 물질을 연구하기 시작했다. 마침내 1897년, 퀴리 부부는 우라늄 광석에서 방사선을 내는 물질인 폴로늄과 라듐을 발견하고, 순수한 라듐도 추출해 냈다. 그리고 그 공로로 두 사람은 1903년에 노벨 물리학상을 받았다.

❸ 라듐을 연구하여 얻은 성과가 모두를 위해 쓰여야 한다고 생각한 퀴리 부부는 연구 결과를 공개하고 어떤 경제적 이익도 얻지 않았다. 마리 퀴리는 연구를 계속해서 1911년에 라듐을 연구한 업적으로 노벨 화학상을 받았다. 그러다가 1914년에 제1차 세계 대전이 일어나자, 마리 퀴리는 방사선 촬영 장치가 달린 차를 직접 개발하여 전쟁터로 달려갔다. 그리고 방사선으로 병사들이 다친 곳을 알아내어 많은 병사들의 목숨을 구했다. 하지만 자신은 자주 어지럽고 눈이 나빠지는 등 원인 모를 고통에 시달렸는데, 마리 퀴리는 자신의 병이 방사선 때문이라고 짐작했다.

4 라듐과 폴로늄은 강력한 방사능을 가진 아주 위험한 물질이다. 하지만 마리 퀴리는 수십 년간 아무런 보호 장비 없이 방사능 연구를 하면서 방사선에 그대로 노출되었다. 게다가 전쟁터에서 방사선 촬영을 하느라 방사선을 계속 쬐었다. 방사선은 우리 몸의 세포를 파괴하고 유전자도 변형한다. 마리 퀴리도 방사선 때문에 여러 병에 걸렸지만 1934년에 죽을 때까지 방사능 연구를 멈추지 않았다. 그만큼 마리 퀴리는 방사능 연구를 사랑했던 것이다. 그녀를 죽음에 이르게 한 방사능에 대한 연구는 마리 퀴리의 삶 자체였고, 마리 퀴리에게는 위험을 무릅쓸 가치가 있는 일이었다.

◆ **투시할**: 막힌 물체를 환히 꿰뚫어 볼
◆ **추출해**: 고체나 액체로 된 화합물에서 어떤 물질을 뽑아내어
◆ **공로**: 일을 마치거나 목적을 이루는 데 들인 노력과 수고
◆ **무릅쓸**: 힘들고 어려운 일을 참고 견딜

글 내용 한눈에 보기 ●●●

마리 퀴리의 출생과 학생 시절	• 1867년 **1** 　ㅍ　ㄹ　ㄷ　 의 바르샤바에서 태어남 • 프랑스의 소르본 대학에서 **2** 　ㅁ　ㄹ　ㅎ　 과 수학을 공부함
마리 퀴리의 연구와 업적	• 폴로늄과 **3** 　ㄹ　ㄷ　 을 발견하여 남편 피에르 퀴리와 함께 1903년에 노벨 물리학상을 받음 • 자신이 한 연구의 결과를 모두 공개하고, 경제적 이익을 얻지 않음 • 라듐을 연구하여 1911년에 노벨 **4** 　ㅎ　ㅎ　ㅅ　 을 받음 • 제1차 세계 대전이 일어나자 방사선 촬영 장치가 달린 차를 개발하여 전쟁터에서 다친 병사들을 치료함
마리 퀴리의 죽음	**5** 　ㅂ　ㅅ　ㅅ　 으로 인한 병으로 1934년에 세상을 떠남

내용 이해
01 마리 퀴리가 한 일과 그렇게 행동한 까닭을 선으로 연결하세요.

한 일	이유
1 방사선 촬영 장치가 달린 차를 개발함	**ㄱ** 연구의 성과는 모두를 위해 쓰여야 한다고 생각해서
2 병에 걸려 죽을 때까지 방사능 연구를 계속함	**ㄴ** 위험을 무릅쓰고 연구할 만큼 가치 있는 일이기 때문에
3 라듐을 연구한 결과를 경제적 이익을 얻지 않고 공개함	**ㄷ** 전쟁으로 다친 병사들을 치료하는 데 도움을 주기 위해서

내용 이해
02 마리 퀴리의 업적이 아닌 것은 무엇인가요? [✎]

① 엑스선을 발견하였다.
② 노벨 화학상을 받았다.
③ 폴로늄과 라듐을 발견하였다.
④ 순수한 라듐을 실제로 추출해 내었다.
⑤ 남편과 함께 노벨 물리학상을 받았다.

내용 추론
03 이 글을 읽고 이해한 내용으로 알맞지 않은 것은 무엇일까요? [✎]

① 마리 퀴리는 뛰어난 연구 성과를 남겼다.
② 마리 퀴리는 자신이 병에 걸린 원인을 몰랐다.
③ 우라늄, 라듐, 폴로늄은 방사선을 내는 물질이다.
④ 방사능을 연구할 때에는 보호 장비를 갖춰야 한다.
⑤ 방사선은 사람의 목숨을 구하기도 하지만 병에 걸리게도 한다.

중심 내용 쓰기
04 이 글의 중심 내용을 한 문장으로 완성해 보세요.

마리 퀴리는 죽을 때까지 ✎＿＿＿＿＿＿＿＿＿＿＿＿ 많은 과학적 업적을 이룬 위대한 과학자이다.

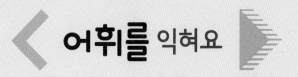

01 다음 낱말에 대한 설명이 맞으면 ○, 틀리면 ✕ 표시를 하세요.

❶ '무릅쓰다'는 힘들고 어려운 일을 참고 견디는 것을 의미한다. [○ / ✕]

❷ 사정이나 형편 등을 어림잡아 헤아리는 것을 '짐작하다'라고 한다. [○ / ✕]

❸ '투시하다'는 물체가 꽉 막혀 잘 보이지 않는 상태를 표현하는 낱말이다. [○ / ✕]

02 제시된 뜻과 예문을 참고하여 다음 초성에 해당하는 낱말을 빈칸에 쓰세요.

❶ ⌈ㄴ⌉⌈ㅊ⌉되다: 겉으로 드러나다.

예 햇볕에 오랜 시간 (   )되면 피부 건강에 좋지 않다.

❷ ⌈ㅂ⌉⌈ㅎ⌉하다: 모양이나 형태가 달라지거나 달라지게 하다.

예 이 장난감은 기본 모양에서 여러 가지 모양으로 (   )할 수 있어 인기가 많다.

❸ ⌈ㅊ⌉⌈ㅊ⌉하다: 고체나 액체로 된 화합물에서 어떤 물질을 뽑아내다.

예 이 화장품은 포도씨에서 (   )한 기름으로 만들어졌다.

03 보기 에서 알맞은 낱말을 골라 다음 문장을 바르게 완성하세요.

> **보기**
>
> 공로   이익   공개하다   발견하다   인내하다

❶ 아버지는 이 약을 개발한 ⌈ ⌉⌈ ⌉로 의학상을 받았다.

❷ 이 일을 성공시키기 위해서는 앞으로도 많이 노력하고 ⌈ ⌉⌈ ⌉해야 한다.

❸ 우리가 가진 정보들을 널리 ⌈ ⌉⌈ ⌉하면 연구자들에게 큰 도움이 될 것이다.

18 숨 쉴 수 있는 이유

1 우리가 편안하게 숨을 쉴 수 있는 이유는 공기 중에 산소가 적절하게 섞여 있기 때문이다. 공기 중에는 산소 말고도 질소, 이산화 탄소 등 다양한 기체가 섞여 있다. 이렇게 지구는 다양한 기체에 둘러싸여 있는데, 이러한 기체를 대기라고 부른다. 대기의 범위는 대기권이라고 부르는데, 땅 위에서부터 약 1,000 km까지이다. 대기권은 온도에 따라 밑에서부터 대류권, 성층권, 중간권, 열권으로 나뉘는데, 각 권과 권 사이를 계면이라고 부른다.

2 먼저 대류권부터 알아보자. 대기권의 가장 아래에 있는 대류권은 대류 현상, 즉 기체나 액체에서 물질이 이동하면서 열이 전달되는 현상이 일어나는 층이다. 대류 현상에 의해 공기가 활발히 움직이면 기상 현상이 생긴다. 대류권에서는 태양 빛이 땅에 반사되어 그 열이 골고루 퍼져서 지표면은 공기가 따뜻하지만 위로 올라갈수록 기온이 내려간다. 대류권 다음은 성층권으로 이 둘의 경계면을 대류권 계면이라고 하는데, 평균적으로 약 12 km 높이이다. 대류권 계면에서부터 약 50 km까지가 성층권이다. 여기는 대기가 안정적이어서 기상 현상이 안 나타나며 온도도 거의 일정하거나 서서히 올라간다. 성층권의 가장 큰 특징은 오존층이 존재한다는 것이다. 오존층은 태양 빛의 강력한 자외선을 막아 주는 역할을 한다. 자외선은 지구에 사는 생물에게 해를 입히는 광선인데 오존층에서 거의 흡수된다.

3 성층권과 중간권 사이에는 성층권 계면이 있고 여기서부터 80 km까지를 중간권이라고 한다. 중간권은 다시 위로 올라갈수록 기온이 낮아지는 층이다. 중간권에서는 유성과 야광운이 나타난다. 유성은 지구 밖의 물질이 대기 중으로 들어오면서 불타 없어지는 것을 말하는데, 다 타지 않고 땅으로 떨어지면 운석이라고 부른다. 야광운은 남극이나 북극과 가까운 지방에서 해가 뜰 때나 질 때 볼 수 있는 털 모양의 은색 구름을 말한다. 마지막으로 중간권과 열권의 경계면인 중간권 계면부터 약 500 km까지를 이르는 열권이 있다. 열권에서는 오로라 현상이 나타난다. 열권의 아래쪽에는 전리층이라는 곳이 있어서 전파를 반사하여 원거리 통신을 가능하게 해 준다. 또 열권은 공기가 거의 없고 태양 빛을 직접 받기 때문에 위로 올라갈수록 기온이 높아진다.

4 지금까지 대기권의 네 가지 층을 차례로 살펴보았다. 그렇다면 대기권은 생물이 숨을 쉴 수 있게 하는 것 말고 또 어떤 역할을 하고 있을까? 대기권은 지구의 보호막 역할을 한다. 우주로부터 들어오는 유해 물질인 자외선을 흡수하고, 운석을 태워 없앤다. 또 대기는

태양 빛은 받아들이고 열은 내보내지 않는 온실과 같은 역할을 해서 일교차를 줄인다. 대기가 순환하면서 지구 전체의 온도 차이를 줄이기도 한다. 이렇게 대기권은 사람을 비롯한 생명이 숨을 쉬게 해 줄 뿐만 아니라 살아가기에 적절한 환경을 만들어 준다.

◆ **반사되어:** 빛, 전파 등이 일정한 방향으로 나아가다가 다른 물체에 부딪혀서 방향이 반대로 바뀌어
◆ **안정적:** 바뀌어 달라지지 아니하고 일정한 상태를 유지하게 되는 것
◆ **일교차:** 기온, 습도, 기압 따위가 하루 동안에 변화하는 차이

글 내용 한눈에 보기 ●●●

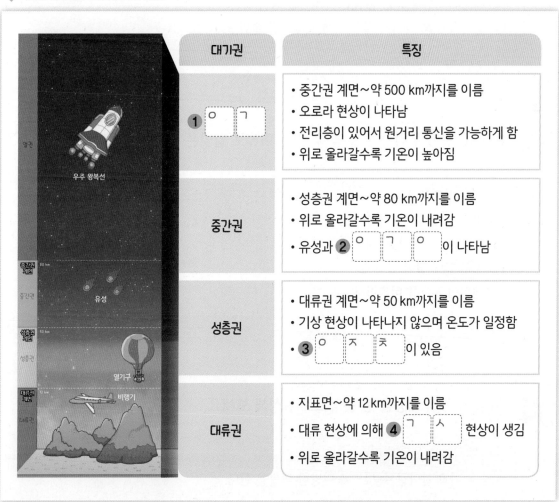

대기권	특징
❶ ㅇ ㄱ	• 중간권 계면~약 500 km까지를 이름 • 오로라 현상이 나타남 • 전리층이 있어서 원거리 통신을 가능하게 함 • 위로 올라갈수록 기온이 높아짐
중간권	• 성층권 계면~약 80 km까지를 이름 • 위로 올라갈수록 기온이 내려감 • 유성과 ❷ ㅇ ㄱ ㅇ 이 나타남
성층권	• 대류권 계면~약 50 km까지를 이름 • 기상 현상이 나타나지 않으며 온도가 일정함 • ❸ ㅇ ㅈ ㅊ 이 있음
대류권	• 지표면~약 12 km까지를 이름 • 대류 현상에 의해 ❹ ㄱ ㅅ 현상이 생김 • 위로 올라갈수록 기온이 내려감

내용 이해

01 대기권에 대한 설명으로 알맞지 <u>않은</u> 것은 무엇인가요?　[✎　　]

① 열권은 위로 올라갈수록 기온이 높아진다.
② 땅 위에서부터 약 1,000 km까지를 이른다.
③ 대기권의 모든 층에서 기상 현상이 일어난다.
④ 맨 아래부터 대류권, 성층권, 중간권, 열권이 있다.
⑤ 대류권과 중간권은 위로 올라갈수록 기온이 낮아진다.

내용 추론

02 대기권의 역할로 보기 <u>어려운</u> 것은 무엇일까요?　[✎　　]

① 각 층마다 다양한 생명체가 살 수 있게 한다.
② 우주로부터 들어오는 운석을 태워 없애 준다.
③ 대기가 순환하여 지구 전체의 온도를 유지한다.
④ 태양으로부터 오는 강력한 자외선을 막아 준다.
⑤ 열이 우주로 나가지 않게 하여 일교차를 줄인다.

내용 추론

03 이 글로 보아 우리가 숨을 쉴 수 있는 이유로 알맞은 것은 무엇일까요?
　[✎　　]

① 지구가 둥글어서
② 지구에 대기가 있어서
③ 지구에 바다가 많아서
④ 지구 옆에 달이 있어서
⑤ 태양이 지구를 비추어서

중심 내용 쓰기

04 이 글의 중심 내용을 한 문장으로 완성해 보세요.

　대기권은 온도에 따라 ✎＿＿＿＿＿＿＿＿＿＿＿＿＿＿＿＿으로 나뉘며, 생명이
숨을 쉬고 살아갈 수 있도록 다양한 역할을 한다.

01 다음 낱말의 뜻을 찾아 바르게 연결해 보세요.

① 기상 •

• ㉠ 지구의 표면. 또는 땅의 겉면

② 일교차 •

• ㉡ 기온, 습도, 기압 따위가 하루 동안에 변화하는 차이

③ 지표면 •

• ㉢ 대기 중에서 일어나는 물리적인 현상을 통틀어 이르는 말

02 제시된 뜻과 예문을 참고하여 다음 초성에 해당하는 낱말을 빈칸에 쓰세요.

① ㅇ ㄱ ㄹ : 먼 거리

예 이 안경은 (   )를 잘 볼 수 있게 한다.

② ㅇ ㅎ : 해로움이 있음

예 이 화장품에는 (   ) 물질이 많이 포함되어 있었다.

③ ㅇ ㅈ ㅈ : 바뀌어 달라지지 아니하고 일정한 상태를 유지하게 되는 것

예 이곳에 받침대를 두 개 정도 더 세우는 것이 (   )일 것이다.

03 다음 문장의 괄호 안에 들어갈 알맞은 낱말을 골라 보세요.

① 면으로 지은 옷은 땀이 잘 [압수 / 흡수]된다.

② 물 위로 햇빛이 [반사 / 발사]되어 나는 눈을 뜰 수가 없었다.

③ 매일 교통 상황이 달라서 집에 돌아오는 시간이 [일정 / 적정]하지 않다.

세시 풍속이 궁금해

① 우리는 해마다 어떤 날짜가 되면 습관처럼 하는 일이 있다. 그 날짜에는 꼭 어떤 음식을 먹거나, 어떤 놀이를 하기도 한다. 이렇게 한 해의 절기나 달, 계절에 따라 민간에서 전하여 온 풍속을 세시 풍속이라고 한다. 대표적인 세시 풍속에는 어떤 것들이 있는지 살펴보자.

② 음력 1월 1일 설날에는 야광귀를 쫓는 세시 풍속이 있다. 야광귀라는 귀신은 사람의 신발을 좋아해 밤에 신발을 훔치러 돌아다닌다. 신발을 잃어버린 사람은 일 년 동안 안 좋은 일이 생긴다고 하니, 아무리 피곤하고 바빠도 신발을 지켜야 한다. 야광귀에게 신발을 빼앗기지 않으려면 신발을 숨겨 놓거나 뒤집어 놓으면 된다. 또 문에는 체를 걸어 놓는다. 야광귀가 체에 뚫린 구멍의 수를 세다가 밤을 홀딱 새고 돌아가기 때문이다.

③ 음력 5월 5일 단오에는 창포물에 머리를 감고, 씨름을 한다. 단오는 모내기를 마치고 농사가 잘되기를 기원하며 제사를 지내는 날이다. 이날 여자들은 창포라는 풀을 삶은 물로 머리를 감았다. 그렇게 하면 머리카락이 잘 안 빠지고 윤기가 생기며 귀신도 물리칠 수 있다고 믿었기 때문이다. 남자들은 모래밭이나 잔디밭에서 씨름을 하면서 서로 힘을 겨뤘다.

④ 음력 8월 15일 추석에는 강강술래를 한다. 이는 조선 시대의 이순신 장군이 땅끝 마을 해남에 있었을 때의 일과 관련이 있다. 당시 우리는 쳐들어오는 왜적과 맞서 싸울 군사가 너무 적었다. 그러자 이순신은 마을 여자들을 불러 모은 후 그들에게 남자 차림을 하고 산을 빙빙 돌라고 하였다. 멀리서 이 모습을 본 왜적은 "조선에 군사가 너무 많군." 하며 놀라 도망을 갔다. 여자들이 손을 잡고 빙빙 원을 그리며 도는 강강술래는 여기에서 시작됐다고 전해진다. 한편 옛날 사람들이 추던 춤에서 강강술래가 생겼다는 이야기도 있다.

5 양력 12월 22일이나 23일인 동지에는 팥죽을 쑤어 먹는다. ㉠왜 팥죽을 먹게 되었을까? 동지는 일 년 중 낮이 가장 짧고 밤이 가장 긴 날이다. 우리 조상들은 밤이 길면 귀신의 힘이 세진다고 믿었다. 그래서 귀신을 쫓아내려고 귀신이 싫어하는 붉은색을 띠는 팥으로 동지에 팥죽을 만들어 먹게 되었다. 우리 조상들은 팥죽을 먹을 뿐만 아니라 대문이나 벽에 뿌리기도 했는데, 귀신이 팥죽의 붉은색을 보고 도망가게 하기 위해서였다. '동지 팥죽을 먹어야 한 살을 먹는다.'라는 말도 있는데 이는 동지를 설날 전에 있는 '작은 설'로 중요하게 여겼기 때문이다.

◆ **절기**: 한 해를 스물넷으로 나눈, 계절의 표준이 되는 것
◆ **민간**: 일반 백성들 사이
◆ **기원하며**: 바라는 일이 이루어지기를 빌며
◆ **윤기**: 반질반질하고 매끄러운 기운

❯❯ 글 내용 한눈에 보기 ●●●

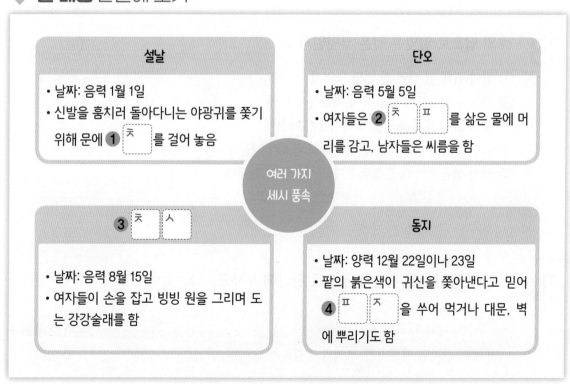

설날
• 날짜: 음력 1월 1일
• 신발을 훔치러 돌아다니는 야광귀를 쫓기 위해 문에 **1** ㅊ 를 걸어 놓음

단오
• 날짜: 음력 5월 5일
• 여자들은 **2** ㅊ ㅍ 를 삶은 물에 머리를 감고, 남자들은 씨름을 함

여러 가지 세시 풍속

3 ㅊ ㅅ
• 날짜: 음력 8월 15일
• 여자들이 손을 잡고 빙빙 원을 그리며 도는 강강술래를 함

동지
• 날짜: 양력 12월 22일이나 23일
• 팥의 붉은색이 귀신을 쫓아낸다고 믿어 **4** ㅍ ㅈ 을 쑤어 먹거나 대문, 벽에 뿌리기도 함

내용 이해

01 우리나라의 세시 풍속에 대한 설명으로 알맞지 <u>않은</u> 것은 무엇인가요?

[✏️　　　]

① 단오에 남자들은 씨름을 하였다.
② 단오에 여자들은 창포물에 머리를 감았다.
③ 동지에는 팥죽을 먹거나 대문이나 벽에 뿌렸다.
④ 설날에는 귀신을 쫓기 위해 문에 체를 걸어 놓았다.
⑤ 추석에는 다른 사람의 신발을 숨겨 놓는 놀이를 하였다.

내용 이해

02 보기 에서 설명하는 세시 풍속을 이 글에서 찾아 쓰세요.

[✏️　　　]

> **보기**
> • 민속놀이의 하나로, 여러 사람이 손을 잡고 빙빙 원을 그리며 돌면서 춤을 추고 노래를 부르는 것
> • 이순신 장군이 우리나라에 쳐들어온 왜적을 속이려고 여자들에게 남자 차림을 하고 산을 빙빙 돌게 한 데에서 생겼다는 이야기가 전해지는 것

내용 추론

03 ㉠의 답으로 알맞은 것은 무엇일까요?

[✏️　　　]

① 팥이 귀해 일 년에 한 번만 먹었기 때문에
② 동지를 설날보다 중요하게 여겼기 때문에
③ 낮이 짧아 음식을 만들기 어려웠기 때문에
④ 귀신이 팥의 붉은색을 싫어한다고 믿었기 때문에
⑤ 팥의 붉은색이 복을 불러온다고 생각했기 때문에

중심 내용 쓰기

04 이 글의 중심 내용을 한 문장으로 완성해 보세요.

> 우리나라의 대표적 세시 풍속에는 ✏️＿＿＿＿＿＿＿＿＿＿＿＿＿＿＿＿, 단오의 창포물
> 에 머리 감기와 씨름하기, 추석의 강강술래, ✏️＿＿＿＿＿＿＿＿＿＿＿＿＿＿＿ 가 있다.

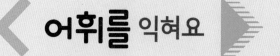 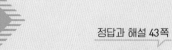
01 다음 낱말의 뜻을 찾아 바르게 연결해 보세요.

1 윤기 •

2 절기 •

3 모내기 •

• **ㄱ** 반질반질하고 매끄러운 기운

• **ㄴ** 모를 못자리에서 논으로 옮겨 심는 일

• **ㄷ** 한 해를 스물넷으로 나눈, 계절의 표준이 되는 것

02 다음 문장의 괄호 안에 들어갈 알맞은 낱말을 골라 보세요.

1 새해에도 더욱더 건강하시기를 [기부 / 기원]합니다.

2 이웃끼리 서로 돕는 것은 우리 민족의 아름다운 [습관 / 풍속]이다.

3 곡식이 모자라 내내 죽만 [쑤어 / 겨루어] 먹었더니 기운이 하나도 없다.

03 다음 문장에 들어갈 알맞은 낱말을 **보기**에서 찾아 쓰세요.

보기

| 민간 | 왜적 | 절기 | 제사 | 차림 |

1 이 이야기는 조선 시대에 [ ][ ]에 널리 퍼지던 것이었다.

2 날이 더워지면서 반팔, 반바지 [ ][ ]의 사람들이 많아졌다.

3 거북선은 임진왜란에서 [ ][ ]을 무찌르는 데 큰 역할을 하였다.

20 설문대 할망 이야기

1 제주도에는 그 지형과 관련하여 오늘날까지 전해 내려오는 한 설화가 있다. 온 세상을 다스리는 신인 옥황상제에게는 자식이 여럿 있었다. 설문대 할망은 그중 셋째 딸이었다. 설문대 할망은 몸집이 엄청나게 컸다. 어찌나 몸집이 컸는지 아무리 깊은 바다라도 무릎밖에 안 잠길 정도였다. 그런데 어느 날, 설문대 할망이 바다를 보니 아무것도 없어서 밋밋하게 느껴졌다. 그래서 바다 가운데에 섬을 하나 만들었는데, 그게 바로 제주도이다. 그렇게 일단 섬을 만들기는 했는데, 아무것도 없으니 허전해서 설문대 할망은 치마에 흙을 담아 날랐다. 제주도 가운데에 흙을 쏟아부으니 그것은 높디높은 한라산이 되었다.

2 그런데 설문대 할망은 몸집이 큰 탓에 옷을 자주 만들어 입지 못했다. 그래서 한라산을 만들다가 치마가 낡아 찢어진 틈으로 흙이 새어 나갔고, 흙이 떨어진 곳마다 오름이 생겼다. 이렇게 생긴 오름은 300개가 넘었다. 설문대 할망은 피곤해서 눕고 싶었지만 뾰족한 한라산이 머리를 찌르자 주먹으로 산봉우리를 딱 하고 쳤다. 그랬더니 한라산 꼭대기가 움푹 들어가 백록담이 되었다. 이제 머리는 편하게 되었는데, 이번에는 다리를 둘 곳이 없었다. 설문대 할망은 이리저리 움직이다가 발가락 두 개로 제주 남쪽 바다에 있는 범섬을 찔렀다. 그리하여 지금도 범섬에는 설문대 할망이 찔러서 생긴 콧구멍 동굴이 있다.

3 설문대 할망은 옷이 너무 낡아서 속옷이라도 하나 만들어 입어야겠다고 생각하고 제주 사람들을 불러 말했다.

"속옷을 지어 주면 육지에 닿을 수 있게 다리를 놓아 주마."
사람들은 설문대 할망의 속옷을 만들기 위해 부지런히 천을 모았다. 하지만 설문대 할망의 속옷을 만들려면 명주 100동이 필요한데 아무리 모아도 명주가 99동밖에 되지 않았다. 결국 속옷을 만들지 못했고, 실망한 ㉠할망도 다리 만드는 걸 그만두었다. 제주도 북쪽에는 이때 설문대 할망이 다리를 만들다 그만둔 관곶이라는 곳이 있다.

④ 설문대 할망은 설문대 하르방과 만나 아들 500명을 낳고 한라산에서 살았다. 그러던 어느 날, 아들들이 음식을 구하러 나간 사이 죽을 끓이던 설문대 할망이 실수로 솥에 빠져 죽고 말았다. 아들 500명은 집에 돌아와 죽을 먹었는데, 뒤늦게 돌아온 막내아들이 죽을 젓다가 설문대 할망의 뼈를 발견하였다. 막내아들은 땅을 치며 통곡했고 형들도 슬퍼서 울며불며 난리가 났다. 형제들은 울다가 몸이 굳어 바위가 되었고, 막내아들은 서쪽 바다로 달려가며 울다가 차귀도에서 바위가 되었다. 지금도 한라산과 차귀도에 가면 설문대 할망의 아들들이 죽어서 된 오백 장군 바위가 있다.

◆ **통곡했고**: 소리를 높여 슬피 울었고

❯ 글 내용 한눈에 보기 •••

제주도 지형	관련 설화
❶ ⬚ᄌ ⬚ᄌ ⬚ᄃ	아무것도 없는 바다가 밋밋하게 느껴진 설문대 할망이 바다 가운데에 섬을 하나 만듦
한라산	섬이 허전하게 느껴졌던 설문대 할망이 ❷ ⬚ᄒ 을 날라서 만듦
❸ ⬚ᄋ ⬚ᄅ	한라산을 만들다가 찢어진 설문대 할망의 치마 사이로 흙이 새어 나가서 300개가 넘게 만들어짐
백록담	뾰족한 한라산 봉우리를 설문대 할망이 주먹으로 쳐서 만듦
콧구멍 동굴	설문대 할망의 ❹ ⬚ᄇ ⬚ᄀ ⬚ᄅ 두 개가 제주도 남쪽의 범섬을 찔러서 생김
❺ ⬚ᄀ ⬚ᄀ	설문대 할망이 제주도와 육지를 잇는 다리를 만들다가 관둠
오백 장군 바위	설문대 할망의 죽음에 통곡하던 아들들의 몸이 굳어져서 만들어짐

글을 이해해요

내용 추론

01 설문대 할망과 관련된 내용이 <u>아닌</u> 것은 무엇일까요?　　　　[✐　　]

① 섬과 산을 만들었다.
② 몸집이 엄청나게 컸다.
③ 자주 새 옷을 만들어 입었다.
④ 누울 때 한라산을 베고 누웠다.
⑤ 제주와 육지를 잇는 다리를 만들려고 했다.

내용 이해

02 다음 중 설문대 할망이 만든 지형이 <u>아닌</u> 것은 무엇인가요?　　　[✐　　]

① 오름　　　　　　② 백록담　　　　　　③ 한라산

④ 콧구멍 동굴　　　⑤ 오백 장군 바위

내용 추론

03 ㉠의 이유로 알맞은 것은 무엇일까요?　　　　[✐　　]

① 제주도와 육지를 이을 흙이 모자라서
② 할망 대신 사람들이 직접 다리를 놓기로 해서
③ 할망이 배가 고파 다리를 만들 힘이 없어져서
④ 다리를 만드는 것보다 농사를 짓는 것이 더 중요해서
⑤ 명주가 모자라 사람들이 할망의 속옷을 만들지 못해서

중심 내용 쓰기

04 이 글의 중심 내용을 한 문장으로 완성해 보세요.

> 제주에는 제주도, 한라산, 오름, 백록담, 관곳, 오백 장군 바위 등의 지형들과 관련된
> ✐ _____.

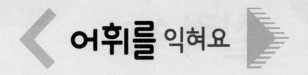

01 다음 낱말에 대한 설명이 맞으면 〇, 틀리면 ✕ 표시를 하세요.

① '움푹'은 가운데가 우묵하게 푹 들어간 모양을 나타내는 낱말이다. [〇 / ✕]

② '허전하다'는 아무 보람이 없고 볼 만한 가치가 없을 정도로 하찮다는 뜻이다. [〇 / ✕]

③ 각 민족 사이에 이어져 내려오는 신화, 전설, 민담 따위를 통틀어 이르는 말은 '설화'이다.

[〇 / ✕]

02 제시된 뜻과 예문을 참고하여 다음 초성에 해당하는 낱말을 빈칸에 쓰세요.

① ㅈㅎ : 땅의 생긴 모양

예 이곳은 아름답고 특이한 (   )들이 많아 여행지로 유명하다.

② ㅇㄹ : '산', '산봉우리'의 제주도 방언

예 제주의 들에는 (   )이 봉긋봉긋 솟아 있었다.

③ ㅇㅁㅂㅁ : 소리 내어 야단스럽게 울기도 하며 부르짖기도 하며 우는 모양

예 아이는 엄마와 떨어지지 않으려고 (   ) 엄마 다리에 매달렸다.

03 보기 에서 알맞은 낱말을 골라 다음 문장을 바르게 완성하세요.

보기

밋밋하다   발견하다   통곡하다   피곤하다

① 할머니가 돌아가시자 어머니는 ☐☐ 하셨다.

② 이 나뭇잎은 모양이 ☐☐ 하고 겉은 번쩍거린다.

실력 확인

△ 글의 문단별 내용을 정리하고 주제를 써 보아요.

01 우리가 꿈꾸는 놀이터 만들기

본문 8~9쪽

- **1문단** 오늘 ☐☐ 시간에 있었던 일
- **2문단** 일주일 전에 있었던 일
- **3문단** 놀이터 만들기 활동에 대한 윤진이의 ☐☐
- **4문단** 오늘 미술 시간 ☐☐ 중 있었던 일
- **5문단** 선생님이 윤진이에게 해 준 ☐☐

✔주제 '우리가 꿈꾸는 ☐☐☐ 만들기' 활동을 하며 있었던 일

02 자전거, 알아야 안전해요

본문 12~13쪽

- **1문단** 자전거를 탈 때 조심해야 할 점 ①: 자신의 ☐ 에 맞는 자전거 타기
- **2문단** 자전거를 탈 때 조심해야 할 점 ②: 자전거 상태 점검하기, ☐☐☐☐ 착용하기
- **3문단** 자전거를 탈 때 조심해야 할 점 ③: ☐☐ 한 장소에서 자전거 타기
- **4문단** 자전거를 탈 때 조심해야 할 점 ④: 자전거 ☐☐☐ 을 잘 살피며 자전거 타기

✔주제 ☐☐☐ 를 탈 때 안전을 위해 조심해야 할 점

03 하늘에서 본 우리 동네

본문 16~17쪽

- **1문단** 지도를 만드는 목적과 지도에 표시할 ☐☐ 를 정하기 위해 논의함
- **2문단** 국토 정보 플랫폼 누리집에서 마을 지도를 만들기 위한 ☐☐☐ 를 찾음
- **3문단** 일반 지도와 ☐☐ 지도를 함께 보며 지도에 표시할 장소를 확인함
- **4문단** 마을 지도에 알맞은 ☐☐ 로 장소를 표시함

✔주제 마을 지도를 만드는 ☐☐

본문
바로가기

○4 서연이에게 보내는 편지

본문 20~21쪽

1문단 ☐☐☐과 편지를 쓰게 된 이유

2문단 서연이의 고민에 대한 공감

3문단 ☐☐를 도와주는 고래와 해달 이야기

4문단 고래와 ☐☐ 이야기를 통한 조언

5문단 끝인사

주제 친구 사귀기에 어려움을 겪고 있는 서연이에게 건네는 위로와 ☐☐

○5 우연히 만들어진 안전유리

본문 24~25쪽

1문단 ☐☐☐☐의 개념

2문단 안전한 유리를 개발하고자 했으나 ☐☐를 거듭한 베네딕투스

3문단 우연한 계기로 안전유리 발명의 실마리를 얻게 된 베네딕투스

4문단 안전유리의 ☐☐과 가치

주제 ☐☐☐☐를 발명하게 된 과정

○6 이제부터 집중할 거야

본문 28~29쪽

1문단 ☐☐만 하려고 책상 앞에 앉으면 생각나는 딴 일

2문단 집중력을 높이는 방법 ①: 공부를 규칙적인 ☐☐으로 만들기

3문단 집중력을 높이는 방법 ②: 공부하는 중간에 쉬면서 ☐☐☐☐하기

4문단 집중력을 높이는 방법 ③: 처음에는 집중하는 시간을 ☐☐ 잡고 점차 늘리기

주제 공부할 때 ☐☐☐을 높일 수 있는 방법

실력 확인

7 도서관에 가자

본문 32~33쪽

- **1문단** 도서관 이용 시 지켜야 할 ☐☐
- **2문단** 도서관에서 ☐을 찾는 방법
- **3문단** ☐☐☐☐☐의 개념과 도서 청구 기호가 나타내는 내용
- **4문단** 도서관에서 책을 ☐☐하는 방법

✎ **주제** ☐☐☐을 이용하는 태도와 방법

8 키우지 않는 용기

본문 36~37쪽

- **1문단** 반려동물 중 ☐☐☐를 기르는 사람이 많아진 현실
- **2문단** 반려동물의 ☐☐을 책임지겠다는 마음가짐의 필요성
- **3문단** 반려동물을 잘 키울 수 있다는 자신감보다 더 필요한 '☐☐☐ 않는 용기'
- **4문단** 글쓴이의 제안: 버려진 고양이 입양하기, 구조된 고양이 ☐☐하기

✎ **주제** 고양이를 키우기 위한 ☐☐☐☐

9 세계의 아침 식사

본문 40~41쪽

- **1문단** ☐☐☐☐의 중요성
- **2문단** ☐☐의 아침 식사
- **3문단** 중국의 아침 식사
- **4문단** ☐☐의 아침 식사

✎ **주제** ☐☐의 다양한 아침 식사 메뉴

본문
바로가기

10 가난한 양반 형제 이야기

본문 44~45쪽

1 문단 ☐을 벌기 위해 혼자 마을을 떠난 동생

2 문단 오랜만에 만난 형제간의 ☐☐

3 문단 오해를 풀고 화해하는 형과 동생

주제 가난한 양반 형제의 ⸽⸽

11 서울은 왜 서울일까

본문 48~49쪽

1 문단 우리나라의 수도인 '☐☐'에 대한 궁금증

2 문단 시대에 따라 다른 ☐☐으로 불린 지금의 서울 지역

3 문단 '서울'이라는 이름의 유래 ①: ☐☐의 옛 이름인 '서라벌', '서벌'

4 문단 '서울'이라는 이름의 유래 ②: '눈이 만들어 준 울타리'라는 뜻의 '☐☐'

주제 서울 지역의 이름 변화와 '서울'이라는 이름의 ⸽⸽

12 조선 시대의 냉장고

본문 52~53쪽

1 문단 조선 시대에 얼음을 보관하던 얼음 창고인 ☐☐☐

2 문단 석빙고가 ☐☐☐에 지어진 이유와 외부 특징

3 문단 석빙고의 내부 특징

4 문단 석빙고가 지어진 장소에서 알 수 있는 조상들의 ☐☐

주제 조선 시대에 ⸽⸽을 보관하던 창고인 석빙고의 제작 원리

실력 확인

13 분수와 소수, 무엇을 쓸까

본문 56~57쪽

1문단 전체에 대한 ☐☐을 표현할 때 사용하는 분수

2문단 ☐보다 작은 부분을 나타낼 때 소수점 뒤에 숫자를 적어 표현하는 소수

3문단 부분의 값을 표현하기 유용한 ☐☐와, 크기를 비교하기 쉬운 ☐☐

✍ 주제 ☐☐와 ☐☐의 특징과 쓰임

14 금성, 어디까지 알고 있니

본문 60~61쪽

1문단 태양계의 ☐ 번째 행성인 금성

2문단 ☐☐와 가장 가까이 있는 행성인 금성

3문단 여러 가지 ☐☐으로 불린 금성

4문단 ☐☐이 매우 뜨거운 금성

5문단 ☐☐☐가 살 가능성이 매우 낮은 금성

✍ 주제 ☐☐의 다양한 특징

15 수화로 숫자 표현하기

본문 64~65쪽

1문단 ☐☐의 개념과 사용자

2문단 ☐☐ 수화 표현을 위해 손가락에 정하는 순번

3문단 수화로 숫자 1~10을 표현하는 방법

4문단 한국 수어의 높아진 ☐☐과 간단한 수화를 배우면 좋은 이유

✍ 주제 수화의 개념과 수화로 ☐☐를 표현하는 방법

16 편두통의 원인과 예방법

본문 68~69쪽

1문단 ☐☐☐의 개념

2문단 편두통이 생길 수 있는 다양한 경우

3문단 ☐☐에 의한 두통과 ☐☐에 의해 유발되는 편두통

4문단 편두통을 ☐☐하는 방법

📝**주제** 편두통의 ☐☐과 예방법

17 위대한 과학자, 마리 퀴리

본문 72~73쪽

1문단 뛰어난 과학자인 ☐☐☐☐에 대한 소개

2문단 폴로늄과 라듐 연구로 노벨 ☐☐☐☐을 받은 퀴리 부부

3문단 라듐 연구로 노벨 화학상을 받았지만 ☐☐☐ 때문에 병에 걸린 마리 퀴리

4문단 위험을 무릅쓰고 죽을 때까지 ☐☐☐ 연구를 계속한 마리 퀴리

📝**주제** 위대한 업적을 이룬 ☐☐☐ 마리 퀴리의 삶

18 숨 쉴 수 있는 이유

본문 76~77쪽

1문단 지구를 둘러싼 다양한 기체인 ☐☐ 및 대기권의 의미

2문단 기상 현상이 일어나는 ☐☐☐과 ☐☐☐이 있는 성층권

3문단 유성, ☐☐☐을 볼 수 있는 중간권과 오로라 현상이 나타나는 ☐☐

4문단 ☐☐이 살아갈 수 있도록 다양한 역할을 하는 대기권

📝**주제** ☐☐☐을 구성하는 네 가지 층의 특징 및 대기권의 역할

실력 확인

19 세시 풍속이 궁금해

본문 80~81쪽

①문단 ☐☐☐☐의 개념

②문단 야광귀를 쫓기 위해 문에 ☐를 걸어 놓았던 설날의 세시 풍속

③문단 여자는 창포물에 머리를 감고 남자는 씨름을 하던 ☐☐의 세시 풍속

④문단 여자들이 손을 잡고 원을 그리며 ☐☐☐☐를 하던 추석의 세시 풍속

⑤문단 귀신을 쫓기 위해 ☐☐을 먹던 동지의 세시 풍속

주제 ☐☐☐☐의 개념과 우리나라의 대표적인 세시 풍속

20 설문대 할망 이야기

본문 84~85쪽

①문단 옥황상제의 셋째 딸로 ☐☐☐와 한라산을 만든 설문대 할망

②문단 설문대 할망이 누우면서 생긴 ☐☐☐과 콧구멍 동굴

③문단 명주 한 동이 모자라서 만들지 못한 설문대 할망의 ☐☐

④문단 설문대 할망의 죽음과 ☐☐☐☐☐가 된 500명의 아들

주제 제주도 여러 지형과 관련하여 전해 내려오는 ☐☐☐☐☐ 이야기

memo

memo

완자

공부력

정답과 해설

독
해

×

초등 국어

3A

3-4학년

 책 속의 가접 별책 (특허 제 0557442호)

'정답과 해설'은 진도책에서 쉽게 분리할 수 있도록 제작되었으므로
유통 과정에서 분리될 수 있으나 파본이 아닌 정상 제품입니다.

우리는 남다른 상상과 혁신으로
교육 문화의 새로운 전형을 만들어
모든 이의 행복한 경험과 성장에 기여한다

ABOVE IMAGINATION

우리는 남다른 상상과 혁신으로
교육 문화의 새로운 전형을 만들어
모든 이의 행복한 경험과 성장에 기여한다

완자

공부력

초등 국어
톡해 3A

• • • •

정답과 해설

완자 공부력 가이드   2

정답   6

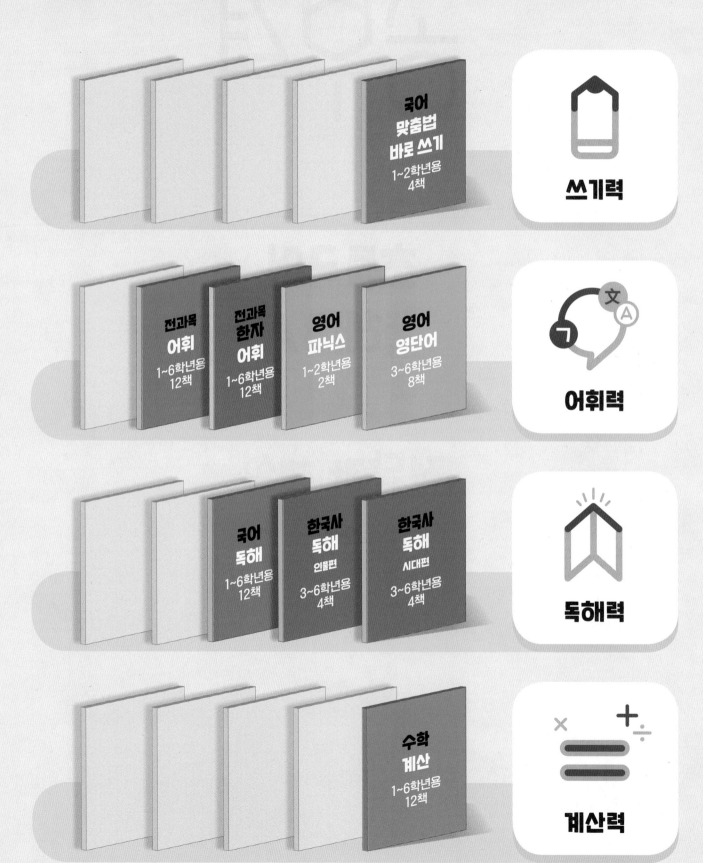

완자 공부력 가이드

완자 공부력 시리즈는
앞으로도 계속 출간될 예정입니다.

국어 맞춤법 바로 쓰기
1~2학년용
4책

쓰기력

전과목 어휘
1~6학년용
12책

전과목 한자 어휘
1~6학년용
12책

영어 파닉스
1~2학년용
2책

영어 영단어
3~6학년용
8책

어휘력

국어 독해
1~6학년용
12책

한국사 독해
인물편
3~6학년용
4책

한국사 독해
시대편
3~6학년용
4책

독해력

수학 계산
1~6학년용
12책

계산력

완자 공부력 시리즈로 공부 근육을 키워요!

매일 성장하는
초등 자기개발서
ⓦ 완자
공부력

학습의 기초가 되는 읽기, 쓰기, 셈하기와 관련된
공부력을 키워야 여러 교과를 터득하기 쉬워집니다.
또한 어휘력과 독해력, 쓰기력, 계산력을 바탕으로 한
'공부력'은 자기주도 학습으로 상당한 단계까지 올라갈 수
있는 밑바탕이 되어 줍니다. 그래서 매일 꾸준한 학습이
가능한 '**완자 공부력 시리즈**'로 공부하면 자기주도 학습이
가능한 튼튼한 공부 근육을 키울 수 있을 것이라 확신합니다.

효과적인 공부력 강화 계획을 세워요!

○ 학년별 공부 계획

내 학년에 맞게 꾸준하게 공부 계획을 세워요!

		1-2학년	3-4학년	5-6학년
기본	독해	국어 독해 1A 1B 2A 2B	국어 독해 3A 3B 4A 4B	국어 독해 5A 5B 6A 6B
	계산	수학 계산 1A 1B 2A 2B	수학 계산 3A 3B 4A 4B	수학 계산 5A 5B 6A 6B
	어휘	전과목 어휘 1A 1B 2A 2B	전과목 어휘 3A 3B 4A 4B	전과목 어휘 5A 5B 6A 6B
		파닉스 1 2	영단어 3A 3B 4A 4B	영단어 5A 5B 6A 6B
확장	어휘	전과목 한자 어휘 1A 1B 2A 2B	전과목 한자 어휘 3A 3B 4A 4B	전과목 한자 어휘 5A 5B 6A 6B
	쓰기	맞춤법 바로 쓰기 1A 1B 2A 2B		
	독해		한국사 독해 인물편 1 2 3 4	
			한국사 독해 시대편 1 2 3 4	

○ 시기별 공부 계획

학기 중에는 **기본**, 방학 중에는 **기본 + 확장**으로 공부 계획을 세워요!

방학 중				
학기 중				
기본			**확장**	
독해	계산	어휘	어휘, 쓰기, 독해	
국어 독해	수학 계산	전과목 어휘	전과목 한자 어휘	
		파닉스(1~2학년) 영단어(3~6학년)	맞춤법 바로 쓰기(1~2학년) 한국사 독해(3~6학년)	

예시 **초1 학기 중 공부 계획표** 주 5일 하루 3과목 (45분)

월	화	수	목	금
국어 독해	국어 독해	국어 독해	국어 독해	국어 독해
수학 계산	수학 계산	수학 계산	수학 계산	수학 계산
전과목 어휘	파닉스	전과목 어휘	전과목 어휘	파닉스

예시 **초4 방학 중 공부 계획표** 주 5일 하루 4과목 (60분)

월	화	수	목	금
국어 독해	국어 독해	국어 독해	국어 독해	국어 독해
수학 계산	수학 계산	수학 계산	수학 계산	수학 계산
전과목 어휘	영단어	전과목 어휘	전과목 어휘	영단어
한국사 독해 인물편	전과목 한자 어휘	한국사 독해 인물편	전과목 한자 어휘	한국사 독해 인물편

우리가 꿈꾸는 놀이터 만들기

코칭 Tip 이 글은 미술 시간에 '우리가 꿈꾸는 놀이터 만들기' 활동을 하며 있었던 일에 대한 이야기입니다. 시간의 순서에 따라 어떠한 일이 있었는지, 등장인물들이 어떠한 생각을 했는지 파악하며 글을 읽을 수 있도록 합니다.

1 우리 반에서 나와 가장 친한 친구인 윤진이는 오늘 미술 시간에 '우리가 꿈꾸는 <u>놀이터 만들기</u>' 발표에서 아주 창의
<u>글쓴이(서우)와 윤진이의 관계</u>　　　　　　　　　　　　　　　　　　　　　중심 소재
적인 놀이터를 생각해 냈다며 선생님께 칭찬을 받았다. 그러나 윤진이는 썩 좋은 기분이 아닌 것 같았다. 사건은 이러
했다.
▶ 오늘 미술 시간에 있었던 일

2 일주일 전이었다. 미술 시간에 선생님께서 우리나라의 재미있는 놀이터들을 소개하는 영상을 보여 주셨다. 그리고
다음 미술 시간에 <u>우리가 꿈꾸는 놀이터를 그려서 발표할 것이라고 안내하셨다.</u> 나는 미술 시간을 그리 좋아하지 않아
　　　　　　　　<u>다음 미술 시간 활동에 대한 안내</u>
서 듣는 둥 마는 둥 하였다. 그런데 학교 공부를 마치고 집으로 가는 윤진이는 약간 들뜬 얼굴이었다.

"서우야, 너는 어떤 놀이터를 만들고 싶니? <u>나는 우리가 다 같이 신나게 놀 수 있는 정말 재미있는 놀이터를 만들고</u>
<u>싶어!</u>"
<u>놀이터 만들기 활동에 대한 의욕이 드러남</u>
▶ 일주일 전에 있었던 일

3 윤진이는 시간이 있을 때면 늘 무언가를 만들고 그리곤 했다. 그리고 <u>나중에 커서 아름답고 쓸모 있는 것들을 만들</u>
　　　　　　　　　　　　　　　<u>윤진이가 좋아하는 활동</u>
<u>어 내는 디자이너가 되겠다</u>고 말했다. 나는 일주일 동안 윤진이가 쉬는 시간마다 재미있는 미끄럼틀이나 그네를 그리
<u>윤진이의 장래 희망</u>
는 모습을 볼 수 있었다. 윤진이는 놀이터 만들기 활동을 정말 기대하고 있는 것 같았다. ▶ 놀이터 만들기 활동에 대한 윤진이의 기대

4 드디어 미술 시간이 되었다. 윤진이는 재미있는 놀이 기구가 가득한 놀이터를 그려서 발표했다.

"제가 만든 놀이터의 이름은 '우당탕탕 창의 놀이터'입니다. 『여기에는 다섯 명이 함께 탈 수 있는 아주 넓은 미끄럼
『　　』: 윤진이의 상상력으로 만든 놀이터의 모습
틀, 흔들 사다리를 타고 올라갈 수 있는 숲속 나무 오두막, 두세 명이 함께
탈 수 있는 동그라미 그네…….』"

설명을 잠깐 들었는데도 그 놀이터는 정말 재미있어 보였다. 그런데 윤진
이의 발표가 다 끝나기도 전에, <u>참견을 잘하는 친구인 민재</u>가 끼어들었다.
　　　　　　　　　　　　　<u>민재의 특징</u>

"어! 나 예전에 그런 놀이터에 가서 놀아 봤어. 그 놀이터와 비슷해, 아주!"

민재의 말을 듣고 표정이 약간 어두워진 윤진이는 발표를 마치긴 했지만
<u>자신이 상상하여 그린 놀이터였는데 이미 있는 놀이터라는 평가를 듣고 실망함</u>
준비했던 말을 다 하지는 못한 것 같았다. ▶ 오늘 미술 시간 발표 중 있었던 일

5 선생님은 윤진이의 발표에 대해 이렇게 칭찬해 주셨다.

"지난 일주일 동안 <u>윤진이가 고민한 흔적이 묻어나는 놀이터였어요.</u> 놀이터 만들기 활동에 최선을 다하는 윤진이의
　　　　　　　　　<u>선생님이 윤진이를 칭찬한 까닭 ①</u>
모습이 아주 멋졌어요. 오늘 <u>윤진이가 만든 놀이터는 우리가 꿈꾸는 아주 창의적인 놀이터임에 틀림없어요.</u> 그렇
　　　　　　　　　　　<u>선생님이 윤진이를 칭찬한 까닭 ②</u>
죠?"

선생님의 말에 아이들은 "네!" 하고 대답하며 윤진이에게 박수를 쳐 주었다. ▶ 선생님이 윤진이에게 해 준 칭찬

글 내용 한눈에 보기 •••

본문 9쪽

1 놀이터 **2** 디자이너 **3** 기대 **4** 발표 **5** 창의적

글을 이해해요

☑ 자기 평가

본문 10쪽

01 (내용 이해)
④, ⑤

○ ✕

02 (내용 이해)
⑤

○ ✕

03 (내용 추론)
예전에 자신이 가 본 놀이터와 비슷하다고 했기

○ ✕

04 (중심 내용 쓰기)
윤진이는 오늘 미술 시간에 자신이 꿈꾸는 놀이터를 만들어(그려) 발표했는데, 민재의 평가를 듣고 기분이 썩 좋지 않았다.

○ ✕

01 윤진이는 미술 시간에 자신의 상상 속에서 만들어 낸 재미있는 놀이터에 대해 발표했지만, 민재가 자신이 가 봤던 놀이터와 비슷하다고 한 말을 듣고 기분이 좋지 않았어요.

(오답 풀이)
①, ② 윤진이는 만들고 그리는 것을 즐기며 디자이너가 꿈이라고 했어요.
③ 윤진이는 미술 시간에 할 놀이터 만들기 활동을 기대하고 있다고 했어요.

(이럴 땐 이렇게!) 이 글은 글쓴이인 서우의 입장에서 관찰한 윤진이의 행동과 마음을 담은 이야기예요. 글 곳곳에서 서우가 윤진이에 대해 어떻게 이야기하고 있는지 찾아보면 문제를 쉽게 해결할 수 있을 거예요.

02 5문단에서 선생님은 윤진이가 만든 놀이터에는 고민한 흔적이 묻어난다고 하면서, 윤진이가 놀이터 만들기 활동에 최선을 다하는 모습이 아주 멋졌다고 칭찬했어요.

03 윤진이는 자신의 상상력을 발휘하여 창의적인 놀이터를 그려서 발표했는데, 이에 대해 민재가 발표가 다 끝나기도 전에 자신이 예전에 가 본 놀이터와 비슷하다고 참견하자 이에 실망하여 기분이 썩 좋지 않았어요.

(이럴 땐 이렇게!) 윤진이는 민재의 말을 들은 후 표정이 어두워졌어요. 왜 그랬을지 윤진이 입장에서 생각해 보아요.

04 이 글은 미술 시간에 '우리가 꿈꾸는 놀이터 만들기' 활동을 하며 있었던 일에 대한 이야기예요. 윤진이는 자신이 꿈꾸는 창의적인 놀이터를 만들어 발표했지만, 민재가 자신이 가 봤던 놀이터와 비슷하다고 참견하자 기분이 좋지 않았어요.

어휘를 익혀요

본문 11쪽

01 **1** ㄴ **2** ㄷ **3** ㄱ   **02** **1** 쓸모 **2** 창의적 **3** 흔적   **03** **1** 최선 **2** 기대 **3** 참견

02 자전거, 알아야 안전해요

본문 12~13쪽

코칭 Tip 이 글은 자전거를 안전하게 타기 위해 조심해야 할 점에 대해 설명하는 글입니다. 자전거를 탈 때 안전을 위해 어떠한 점들에 주의해야 하는지 파악하며 글을 읽을 수 있도록 합니다.

① 자전거는 자동차나 오토바이와 달리 면허증 없이도 누구나 탈 수 있다. 그렇다 보니 자전거를 타는 일은 좀 쉽고
중심 소재
만만하게 보인다. 하지만 '얕은 내도 깊게 건너라.'라는 속담이 있다. 개울이 얕다고 만만하게 보지 말고 조심하라는 의
잘 아는 일이라도 세상하게 주의를 하라는 말. '돌다리도 두들겨 보고 건너라.'도 같은 뜻임
미이다. 이 속담처럼 쉽고 만만해 보이는 자전거를 탈 때에도 분명 안전을 위해 조심해야 할 점들이 있다. 먼저, 자신의
자전거를 탈 때 조심해야 할 점 ①
몸에 맞는 자전거를 타야 한다. 『자신의 몸보다 너무 크거나 작은 자전거는 피한다. 안장의 높이는 안장에 앉아서 다리
『 』: 자신의 몸에 맞게 자전거를 타는 법
를 쭉 폈을 때 양 발바닥이 바닥에 닿아야 적절하다. 손잡이의 높이도 손잡이를 잡았을 때 팔꿈치가 자연스럽게 구부러
져야 적절하다.』
▶ 자전거를 탈 때 조심해야 할 점 ①: 자신의 몸에 맞는 자전거 타기

② 자전거를 타기 전에는 자전거의 상태도 점검해야 한다. 자전거 바퀴에 공기가 제대로 들어가 있는지, 브레이크는
자전거를 탈 때 조심해야 할 점 ②
고장 나지 않았는지, 페달과 체인은 잘 돌아가는지 살펴야 한다. 자전거를 탈 때에 보호 장비를 착용하는 것도 매우 중
자전거를 탈 때 조심해야 할 점 ③
요하다. 헬멧은 반드시 착용해야 하는데 머리 위에 수평으로 쓰고, 뒤로 기울어지지 않도록 해야 한다. 또 머리에 잘 맞
: 자전거를 탈 때 착용해야 하는 보호 장비
도록 턱에 있는 끈을 꽉 조이는 것도 중요하다. 자전거용 장갑과 보호대를 착용하는 것도 잊어서는 안 된다. 장갑은 손
이 미끄러지지 않게 해 주고, 보호대는 자전거를 탈 때 가장 많이 다치는 팔꿈치와 무릎을 보호한다. 보호 장비를 착용
하지 않으면 자전거를 타다가 넘어졌을 때 크게 다칠 수 있으므로 잊지 말고 착용하도록 한다.
보호 장비를 착용해야 하는 이유
▶ 자전거를 탈 때 조심해야 할 점 ②: 자전거 상태 점검하기, 보호 장비 착용하기

③ 안전한 장소에서 자전거를 타는 것도 중요하다. 자전거를 타는 것이 익숙하지 않다면 넓은 공원이나 놀이터, 학교
자전거를 탈 때 조심해야 할 점 ④   자전거를 타기에 적합한 장소
운동장, 자전거 전용 도로에서 타는 것이 좋다. 주차장처럼 차가 많이 지나다니는 곳은 자전거를 타기에 적합한 장소가
아니다. 너무 어두운 곳에서 자전거를 타는 것도 위험하다. 『눈으로 주변을 확인할 수 없어서 자칫 위험에 빠질 수 있기
『 』: 눈과 귀를 통해 주변 상황을 잘 확인하면서 자전거를 타야 안전함
때문이다. 또 소리로도 주변 상황을 알 수 있으므로 자전거를 탈 때에는 이어폰이나 휴대 전화를 사용하지 않아야 한다.』
▶ 자전거를 탈 때 조심해야 할 점 ③: 안전한 장소에서 자전거 타기

④ 마지막으로 도로에서 자전거를 탈 때에는 자전거 표지판을 잘 살펴봐야 한다. 만약 '자전거 전용'이라는 표지판이
자전거를 탈 때 조심해야 할 점 ⑤
없다면 자동차 도로의 오른쪽 가장자리에서 달려야 한다. 그리고 횡단보도를 건널 때 '자전거 횡단'이라는 표지판이 없
'자전거 횡단' 표지판이 있는 경우에만 자전거를 타고 횡단보도를 건널 수 있음
다면 자전거에서 내려 자전거를 끌고 횡단보도를 건너야 한다.
▶ 자전거를 탈 때 조심해야 할 점 ④: 자전거 표지판을 잘 살피며 자전거 타기

❯❯ 글 내용 한눈에 보기 ●●●

본문 13쪽

1 조심 **2** 몸 **3** 상태 **4** 장비 **5** 표지판

◀ 글을 이해해요 ▶

☑ 자기 평가

본문 14쪽

01 (내용 이해)
③
⭕ ❌

02 (내용 추론)
해준
⭕ ❌

03 (내용 이해)
⑤
⭕ ❌

04 (내용 추론)
①
⭕ ❌

05 (중심 내용 쓰기)
　자전거를 탈 때 조심해야 할 점들을 알아야 (자전거를) 안전하게 탈 수 있다.
⭕ ❌

01　3문단에서 주차장처럼 차가 많이 지나다니는 곳은 자전거를 타기에 적합한 장소가 아니라고 했어요.

02　2문단에서 자전거를 탈 때 헬멧, 자전거용 장갑, 그리고 보호대를 착용해야 한다고 했는데, 이를 모두 차고 있는 친구는 해준이에요. 보미는 아무 보호 장비도 착용하지 않았고, 시원이는 헬멧만 쓰고 있고 이어폰을 꽂고 있어요.

03　4문단에서 '자전거 횡단' 표지판이 없는 횡단보도에서는 자전거에서 내려서 자전거를 끌고 건너야 한다고 했어요.

　오답풀이
① 3문단에서 눈으로 주변을 확인 못 하는 너무 어두운 곳에서는 자전거를 타는 것이 위험하다고 했어요.
② 2문단에서 헬멧은 턱에 있는 끈을 꽉 조여서 머리에 맞게 써야 한다고 했어요.
③ 1문단에서 자전거를 탈 때 안장과 손잡이의 높이를 자신의 몸에 맞도록 해야 한다고 했어요.
④ 3문단에서 소리로 주변 상황을 알 수 있으므로 자전거를 탈 때 이어폰, 휴대 전화를 사용하지 않아야 한다고 했어요.

04　뒤에 이어지는 문장을 볼 때 ㉠은 잘 아는 일이라도 쉽게 보지 말고 세심하게 주의하라는 뜻임을 알 수 있어요.

　오답풀이
② '내 미락 네 미락'이라는 속담의 뜻이에요.
③ '백지장도 맞들면 낫다.'라는 속담의 뜻이에요.
④ '같은 손가락에도 길고 짧은 것이 있다.'라는 속담의 뜻이에요.
⑤ '하늘은 스스로 돕는 자를 돕는다.'라는 속담의 뜻이에요.

05　이 글은 자전거를 안전하게 타기 위해 조심해야 할 점들을 설명하고 있어요.

◀ 어휘를 익혀요 ▶

본문 15쪽

01　**1** ㄱ　**2** ㄷ　**3** ㄴ　　**02**　**1** 조이　**2** 착용　**3** 보호　　**03**　**1** 적합　**2** 점검

03 하늘에서 본 우리 동네

> **코칭Tip** 이 글은 학교 사회 시간에 마을 지도를 만드는 모둠 프로젝트의 과정을 단계별로 정리한 글입니다. 마을 지도를 만드는 목적이 무엇인지, 어떠한 과정을 거쳐 지도를 완성하는지 파악하며 글을 읽을 수 있도록 합니다.

지훈이는 학교 사회 시간에 친구들과 함께 마을의 지도를 만드는 모둠 프로젝트를 하게 되었다. 지훈이네 모둠에서
중심 소재
는 어떤 지도를 만드는지 그 과정을 알아보자.

① 1단계 지도를 만드는 목적과 지도에 표시할 장소 정하기

지훈: 어떤 지도를 만들어 볼까?

해인: 우리 마을에 이사 온 사람들을 위한 지도는 어때? 마을 정보를 지도에 담는 거야.
　　　　　　　　　　　　지도를 만드는 목적

가영: 그거 좋겠다. 내가 작년에 이곳으로 이사 왔을 때, 마을 어디에 무엇이 있는지, 가 볼 만한 곳은 어디인지 궁금했

었거든.

지훈: 나도 찬성이야. 이사 온 사람들이 궁금해할 만한 장소를 정해 보자.
　　　　　　　　　　　　　　지도에 표시할 장소

은성: 학교, 우체국, 병원, 도서관 같은 중요한 시설을 표시하는 게 좋겠어.
　　　　이사 온 사람들이 궁금해할 만한 장소 ①

가영: 여가를 즐길 수 있는 잔디 구장과 산책로, 공원도 표시하자.
　　　이사 온 사람들이 궁금해할 만한 장소 ②

해인: 일상생활에 필요한 음식점과 편의점, 문구점, 시장과 슈퍼마켓도 표시하는 게 좋겠어.
　　　　　　　이사 온 사람들이 궁금해할 만한 장소 ③　　　　　　　　　　　　　▶ 지도를 만드는 목적과 지도에 표시할 장소를 정하기 위해 논의함

② 2단계 지도를 만들기 위한 백지도 찾기

지훈이네 모둠은 『국토 정보 플랫폼』 누리집에 들어갔다. 첫 화면의 '공간 정보 받기'에 있는 '국토 정보 맵' 메뉴를 누
　　　　　　　　　　　　　　　　　　　　　『 』: 백지도를 찾는 과정
르고 학교 이름을 검색하자, 학교를 중심으로 한 마을 지도를 볼 수 있었다. 친구들은 마을의 백지도를 내려받아 프린
트했다. 백지도는 도로, 산, 강, 주요 시설만 있고 건물은 거의 표시되지 않은 지도이다. 그래서 표시하려는 내용에 따
　　　　　　　　　　　　　백지도의 개념　　　　　　　　　　　　　　　　　　　　　　　　　백지도의 특징
라 다양한 지도를 만들 수 있다.　　　　　　　　　　　　　　　　　▶ 국토 정보 플랫폼 누리집에서 마을 지도를 만들기 위한 백지도를 찾음

③ 3단계 일반 지도와 영상 지도에서 표시할 장소 확인하기

지훈이네 모둠은 '국토 정보 맵'에 있는 일반 지도와 영상 지도를 함께 보면서 지도에 표시할 장소를 찾아보기로 하였
다. 영상 지도는 인공위성으로 찍은 사진으로 만든 지도로 도로, 건물의 모습이 구체적으로 드러난다. 그리고 지도를
　　　　　　　　영상 지도의 개념
확대할수록 마을의 곳곳을 더 자세하게 볼 수 있다. 일반 지도에는 주요 건물의 이름이 표시되므로 일반 지도와 영상
　　　영상 지도의 특징 ②　　　　　　　　　　　　　　　　　　　　일반 지도의 특징
지도를 번갈아 보며 표시하려는 장소의 위치를 확인하였다.　　　　　　　　▶ 일반 지도와 영상 지도를 함께 보며 지도에 표시할 장소를 확인함

④ 4단계 알맞은 기호로 백지도에 장소 표시하기

지훈이네 모둠은 새로운 이웃이 마을에 이사 왔을 때 궁금해할 만한 장소들을 알아보기 쉬운 그림으로 표시하였다.
학교와 우체국, 병원은 지도에서 사용하는 일반적인 기호들을 이용해서 표시하였다. 그리고 나머지 장소들은 각 장소
　　　　　　　　　　　　　　　　기호 표시 방법 ①　　　　　　　　　　　　　　　　　　　　　　기호 표시 방법 ②
를 잘 드러내는 기호를 직접 만들어서 표시하였다. 예를 들어, 잔디 구장은 축구공, 도서관은 책, 문구점은 연필로 표시
하였다.　　　　　　　　　　　　　　　　　　　　　　　　　　　　　　　　　▶ 마을 지도에 알맞은 기호로 장소를 표시함

글 내용 한눈에 보기 •••

본문 17쪽

1 이사 **2** 백지도 **3** 영상 **4** 기호

글을 이해해요

☑ 자기 평가

본문 18쪽

01 (내용 이해)
⑤

○ ✕

02 (내용 추론)
⑤

○ ✕

03 (내용 이해)
1 일   **2** 백   **3** 영
4 백

○ ✕

04 (중심 내용 쓰기)
　지훈이네 모둠은 <u>마을에 이사 온 사람들</u>이 궁금해할 만한 장소를 표시한 지도를 만들었다.

○ ✕

01 1단계를 보면 은성이의 말에서 학교와 우체국을, 가영이의 말에서 잔디 구장을, 해인이의 말에서 음식점을 지도에 표시하기로 하였음을 알 수 있어요. 그러나 1단계에서 지도에 친구들의 집을 표시하자는 말은 아무도 하지 않았어요.

(이럴 땐 이렇게!) 지문과 선지를 비교하며 선지를 하나씩 지워 가면 지문과 일치하지 않는 것을 찾기 쉬워요.

02 1단계를 보면 지훈이네 모둠이 지도를 만들려고 한 목적은 마을에 이사 온 사람들에게 필요한 정보를 주고 싶어서였음을 알 수 있어요.

(오답 풀이)
①, ④ 1~4단계에서 지도에 자연 지형이나 마을에 처음 온 사람들이 가면 안 되는 곳을 표시하자고 한 내용은 찾을 수 없어요.
② 1단계에서 음식점을 지도에 표시하자고는 하였으나, 맛집들만 표시하기로 한 것은 아니에요.
③ 지훈이네 모둠이 만든 지도는 초등학생들이 아닌, 마을에 이사 온 사람들을 위한 장소를 표시한 지도예요.

03 **1** 3단계에서 일반 지도에는 주요 건물의 이름이 표시된다고 했어요.
2, **4** 2단계에서 백지도는 도로, 산, 강과 주요 시설만 있고 건물은 거의 표시되지 않은 지도라고 하였고, 그래서 표시하려는 내용에 따라 다양한 지도를 만들 수 있다고 했어요.
3 3단계에서 영상 지도는 인공위성으로 찍은 사진으로 만들어졌으며, 도로와 건물의 모습이 구체적으로 드러난다고 했어요.

04 이 글은 지훈이네 모둠이 마을에 이사 온 사람들이 궁금해할 만한 장소를 표시한 지도를 만드는 과정을 보여 주고 있어요.

어휘를 익혀요

본문 19쪽

01 **1** 표시 **2** 인공위성 **3** 구체적   **02** **1** 국토 **2** 확대   **03** **1** 구장 **2** 여가 **3** 기호

04 서연이에게 보내는 편지

코칭 Tip 이 글은 친구가 없어 속상해하는 학생을 위로하기 위해 선생님이 쓴 편지글입니다. 선생님의 조언 중 고래와 해달의 습성에서 얻을 수 있는 교훈이 무엇인지 파악하며 글을 읽을 수 있도록 합니다.

1 서연이에게
　편지를 받는 사람

　안녕, 서연아. 담임 선생님이야. 너에게 하고 싶은 말이 있어서 이렇게 편지를 쓴단다. 선생님은 며칠 전 네가 한 이
　　　　편지를 쓴 사람　　　　　　편지를 쓰게 된 이유: 위로와 조언을 하기 위함
말을 듣고 참 마음이 아팠어.

　『선생님, 저는 왜 친구를 사귀는 게 어려울까요? 선생님도 어릴 때 저처럼 친구 사귀는 게 어려우셨나요? 다른 애들
　『　』: 서연이의 고민 – 친구 사귀기에 어려움을 겪고 있음
은 서로 잘 지내는데 반에서 저만 혼자인 것 같아 슬퍼요.』

　그동안 네가 교실에서 얼마나 힘들었을까? 너무 안타까웠어.　　　　　　　　　　　　　　▶ 인사말과 편지를 쓰게 된 이유

2 나만 이상한 게 아닐까 걱정이 되지? 전혀 이상하지 않아. 사실 나도 어릴 때 친구들에게 잘 다가가지 못했어. 심
　　　　　　　　　　　　　　　　　　　　　　서연이와 비슷한 고민을 한 경험을 제시하며 공감하고 위로함
지어 학교에 가기 싫다고 운 적도 있지. 그래도 시간이 지나면 늘 마음이 맞는 친구를 만나고, 함께 어울리게 되었어.
어떻게 그럴 수 있었을까? 고래와 해달처럼 친구들을 대했기 때문이란다. 갑자기 왜 **고래랑 해달 이야기**를 하는지 궁
　　　　　　　　　　　　　　　　　　　　　　　　　　　　　　　　　　　　　　중심 소재
금하지? 선생님이 예전에 읽은 이야기를 해 줄게.　　　　　　　　　　　　　　　　　　▶ 서연이의 고민에 대한 공감

3 『고래는 주로 무리를 지어 생활하는데, 함께 다니는 다른 고래가 다치면 힘을 찾을 때까지 업어 준다고 해. 다른 고
　『　』: 어려움에 처한 친구를 도와주고 친구 곁에 있어 주는 고래의 모습
래가 그물에 걸리면 그물을 물어뜯고, 용감하게 뛰어들어 고래잡이배의 사냥을 방해하기도 한대. 또 힘들어하는 친구
곁에 그냥 오랫동안 있어 주는 고래도 있지.』 해달은 어떨까? 해달은 아주 영리한 동물이야. 바닷속에서도 쉬거나 잘 수
있는데, 이때 자기 몸이 떠내려가지 않게 해초로 몸을 묶는대. 어떤 수족관에서 혼자 잠든 해달이 있었어. 수족관 속에
는 해초가 없어서 그 해달은 물에 둥둥 떠다녔는데, 다른 해달이 와서 잠든 친구가 떠내려가지 않도록 손을 붙잡아 주
　　　　　　　　　　　　　　　　　　　　　　　　　　친구를 도와주는 해달의 모습
는 모습을 사람들이 보았다고 해.　　　　　　　　　　　　　　　　　　　　　▶ 친구를 도와주는 고래와 해달 이야기

4 이 고래와 해달의 이야기를 통해서 선생님이 너에게 무슨 말을 하고 싶은지 알겠니? 『고래나 해달처럼, 도움이 필
　　　　　　　　　　　　　　　　　　　　　　　　　　　　　　　　『　』: 고래와 해달 이야기에서 얻을 수 있는 교훈
요한 친구를 보면 망설이지 말고 네가 할 수 있는 일을 해 주고, 누가 알아주거나 칭찬하지 않아도 조용히 도와줘. 그리
고 친구가 힘들어할 때는 옆에 같이 있어 주렴.』 꼭 네가 먼저 친구에게 말을 걸거나 큰 목소리로 친구들의 주목을 끌 필
요는 없어. 고래와 해달같이 학교생활을 해 나가다 보면 어느새 네 옆에 좋은 친구가 생길 거야.　▶ 고래와 해달 이야기를 통한 조언

5 이 편지가 너에게 많은 도움이 되었으면 좋겠다. 곧 너도 친구들을 사귈 수 있을 거라고 믿어. 그래도 여전히 힘들
다면 그때도 꼭 나에게 네 마음을 말해 주렴. 나와 함께 다른 방법을 찾아보자. 그럼 안녕!

2020○년 △월 □일 담임 선생님이
▶ 끝인사

≫ 글 내용 한눈에 보기 •••

본문 21쪽

① 친구 **②** 고래 **③** 해달 **④** 도움

◀ 글을 이해해요 ▶

☑ 자기 평가

본문 22쪽

01 (내용 추론)
③ ○ ✕

02 (내용 추론)
⑤ ○ ✕

03 (내용 이해)
③ ○ ✕

04 (중심 내용 쓰기)
친구를 사귀려면 고래나 해달처럼 <u>도움이 필요한 친</u>
<u>구를 도와주고</u>, 친구가 힘들어할 때 옆에 같이 있어 주
는 것이 좋다. ○ ✕

01 이 글은 편지글이에요. 편지글은 받는 사람이 누구냐에
따라 말투를 달리해서 써요.

이럴 땐 이렇게! 선지에 언급된 요소가 지문에 드러나는지 찾아보
면 이 글의 특징을 파악할 수 있어요.

02 2문단에서 글쓴이는 자신도 서연이처럼 어릴 때 친구들
에게 잘 다가가지 못해서 어려움을 겪었다고 했어요.

오답 풀이
①, ③ 1문단을 보면 서연이는 친구 사귀기에 어려움을 겪고
있는 자신의 고민을 글쓴이인 담임 선생님에게 직접 이야기
했음을 알 수 있어요.
② 1문단에서 글쓴이는 서연이에게 하고 싶은 말이 있어서
편지를 썼다고 했어요. 글 전체 내용을 통해 볼 때, 글쓴이는
서연이의 마음을 위로하고 고민에 조언을 해 주고자 이 글을
썼음을 알 수 있어요.
④ 5문단에서 글쓴이는 앞으로도 서연이가 힘들 때 자신에게
이야기를 해 주면, 함께 다른 방법을 찾아볼 것이라고 했어
요.

03 해달은 영리한 동물로, 바닷속에서도 쉬거나 잘 수 있어
요. 수족관에서 해초로 몸을 묶지 않고 혼자 잠든 해달이 있
는 것으로 보아, 해달은 꼭 해초나 친구가 없어도 물속에서
잘 수 있음을 알 수 있어요.

04 이 글은 친구를 도와주고 힘들 때 곁에 함께 있어 주는
고래와 해달 이야기를 통해, 친구 사귀기에 어려움을 겪고 있
는 서연이에게 조언을 해 주는 선생님의 편지예요.

◀ 어휘를 익혀요 ▶

본문 23쪽

01 ① ㄴ **②** ㄷ **③** ㄱ   **02 ①** 해초 **②** 심지어 **③** 주목   **03 ①** 영리 **②** 용감

05 우연히 만들어진 안전유리

> **코칭 Tip** 이 글은 오늘날 여러 교통수단에 두루 쓰이는 안전유리의 발명 과정을 설명하는 글입니다. 안전유리의 개념과 안전유리가 어떤 계기로 발명되었는지 그 과정을 파악하면서 글을 읽을 수 있도록 합니다.

1 우리는 가끔 자동차 사고가 난 현장을 방송 뉴스나 인터넷 기사로 볼 때가 있다. 이때 영상이나 사진을 통해 사고를 당한 자동차의 모습을 보면, 부서진 앞 유리의 조각들이 사방으로 흩어지지 않고 막에 붙어 있었을 것이다. 이렇게 일반 유리와 달리 잘 깨어지지 않으며, 깨어지더라도 조각이 튀지 않아 보통의 유리보다 안전한 유리를 '안전유리'라고 한다. 이 안전유리가 발명되면서 사고가 나도 운전자나 탑승자는 유리에 의해 크게 다치지 않게 되었다. 그렇다면 이 안전유리는 누가 어떻게 발명하게 되었을까?   ▶ 안전유리의 개념

2 안전유리는 프랑스의 과학자인 에두아르 베네딕투스에 의해 발명되었다. 베네딕투스는 어느 날, 자동차 사고로 부상을 입은 사람들 대부분이 부서진 창유리에 크게 다친다는 내용의 기사를 읽게 되었다. 그날부터 베네딕투스는 더 안전한 유리를 만들 수 없을까를 고민하게 되었다. 그리고 잘 깨어지지 않는 유리를 발명하기 위한 연구를 시작하였다. 하지만 15년이나 연구를 했는데도 베네딕투스는 계속 실험에 실패했다.   ▶ 안전한 유리를 개발하고자 했으나 실패를 거듭한 베네딕투스

3 『그러던 어느 날 고양이 한 마리가 실험실에 들어왔다. 이 고양이는 실험실의 선반을 휘젓고 다니다가 얇은 유리로 만들어진 실험용 기구인 플라스크를 떨어뜨리고 말았다. 베네딕투스는 플라스크의 유리가 산산조각이 날 거라고 생각했다. 그런데 떨어진 플라스크는 금은 가 있었지만 유리 조각이 흩어지지 않고 그대로 붙어 있었다.』이를 보고 놀란 베네딕투스가 플라스크에 붙은 라벨을 확인해 보니, 그 플라스크는 몇 년 전 셀룰로이드, 즉 플라스틱의 한 종류인 물질을 담아 두었던 용기였다. 이 플라스크 속에 남아 있던 셀룰로이드가 마르면서 얇은 막을 만들었고, 그 막에 유리 조각들이 붙어 있어서 플라스크가 산산조각이 나지 않았던 것이다.   ▶ 우연한 계기로 안전유리 발명의 실마리를 얻게 된 베네딕투스

유리판
셀룰로이드 막
유리판

4 이로부터 베네딕투스는 잘 깨어지지 않는 안전한 유리를 만드는 것에 대한 실마리를 얻게 되었다. 이후 베네딕투스는 연구를 계속하여 두 장의 유리판 사이에 셀룰로이드 막을 넣은 안전유리를 발명하였다. 이렇게 발명된 안전유리는 오늘날 자동차뿐만 아니라 비행기, 기차 등의 여러 교통수단에 두루 쓰이고 있다. 우연한 일로부터 이루어진 베네딕투스의 발명 덕분에 지금 많은 사람들은 전보다 더 안전한 생활을 할 수 있게 되었다.   ▶ 안전유리의 쓰임과 가치

❤️ 글 내용 한눈에 보기 •••

본문 25쪽

① 안전유리 **②** 조각 **③** 셀룰로이드 **④** 교통수단

◀ 글을 이해해요 ▶▶

✔️ 자기 평가

본문 26쪽

01 (내용 추론)

☑️ 금만 가고 붙어 있는 유리

○ ✕

---

02 (내용 이해)

⑤

○ ✕

---

03 (내용 추론)

④

○ ✕

---

04 (중심 내용 쓰기)

　안전유리는 우연한 일로 인해 만들어졌으며, 오늘날 여러 교통수단에 두루 쓰이면서 사람들이 전보다 더 <u>안전한 생활을 할 수 있게</u> 해 주었다.

○ ✕

01 안전유리는 잘 깨어지지 않으며, 깨어지더라도 유리 조각이 흩어지지 않고 막에 붙어 있다고 했으므로 첫 번째 사진이 깨어진 상태의 안전유리에 해당해요. 두 번째, 세 번째 사진의 유리는 모두 유리 조각들이 흩어져 있어요.

02 2문단을 보면 베네딕투스는 15년이나 연구했는데도 안전유리를 만드는 실험에 계속 실패했다고 했으므로 ⑤는 알맞지 않은 설명이에요.

(오답 풀이)

① 1문단에서 안전유리는 깨어지더라도 조각이 튀지 않아 안전하다고 했어요.

② 4문단에서 안전유리는 오늘날 자동차, 비행기, 기차 등의 여러 교통수단에 두루 쓰인다고 했어요.

③ 3문단에서 안전유리는 고양이가 플라스크를 떨어뜨리는 우연한 사건을 계기로 발명되었다고 했어요.

④ 4문단에서 베네딕투스는 두 장의 유리판 사이에 셀룰로이드 막을 넣어 안전유리를 만들었다고 했어요.

03 2문단에서 베네딕투스는 자동차 사고가 나면 사람들이 부서진 창유리에 다친다는 기사를 읽고 깨어지지 않는 유리를 발명하기 위한 연구를 시작했다고 했어요. 따라서 사람들이 깨진 유리에 다치지 않게 하려고 잘 깨어지지 않는 유리를 발명하고자 했다고 볼 수 있어요.

04 이 글은 우연하게 만들어진 안전유리의 발명 과정과 그 쓰임 및 가치에 대해 설명한 글이에요.

(이럴 땐 이렇게!) 안전유리가 발명된 후 다양한 교통수단에 두루 쓰임으로써 사람들의 생활에 어떤 변화가 생겼는지 언급되어야 해요.

◀ 어휘를 익혀요 ▶▶

본문 27쪽

01 **①** ㄴ **②** ㄷ **③** ㄱ   **02** **①** 우연히 **②** 탑승자 **③** 부상   **03** **①** 실패 **②** 실마리 **③** 사방

이제부터 집중할 거야

> **코칭 Tip** 이 글은 공부할 때 집중력을 높일 수 있는 방법에 대해 설명하는 글입니다. 어떻게 하면 집중해서 공부할 수 있는지 파악하며 글을 읽을 수 있도록 합니다.

1 공부를 하려고 책상 앞에 앉았다고 상상해 보자. 갑자기 지저분한 책상 위가 신경 쓰여 정리를 하고, 냉장고 안에
　　　　　　학생들의 일상적인 경험을 떠올리게 함
무엇이 들어 있나 궁금해서 보러 가고, 친구에게 급히 해야 할 이야기가 생각나 휴대 전화를 꺼내고, 식구들이 무엇을
하고 있나 궁금해서 거실로 나가게 된다. 비로소 딴 일을 멈추고 공부를 시작하더라도 이번에는 머릿속에 딴생각이 무
럭무럭 자라기 시작한다. ▶ 공부만 하려고 책상 앞에 앉으면 생각나는 딴 일

2 자, 어떻게 하면 공부에 집중할 수 있을까? 가장 좋은 방법은 공부를 규칙적인 습관으로 만드는 것이다. 우리는 아
　　　　중심 소재　　　　　공부에 집중하는 방법 ①
침에 일어나 자연스럽게 화장실로 가서 세수를 하고 칫솔질을 한다. 습관이 되어 있기 때문이다. 그래서 세수나 칫솔질
을 해야겠다고 따로 생각하지 않아도 자연스럽게 그 일을 하게 되고 스트레스도 받지 않는다. 공부도 마찬가지이다. 공
부해야 한다는 생각 없이 자연스럽게 공부를 시작한다면 공부를 시작하기 위해 쏟는 에너지가 한결 줄어들 것이다. 예
를 들어, 학교에서 집에 돌아오면 손을 씻고 간식을 먹은 뒤에 바로 책상에 앉아 공부하는 습관을 들일 수 있다. 그러면
　　　　공부가 규칙적인 습관이 된 상태　　　　　　　공부를 습관으로 만드는 방법의 예를 제시함
공부를 시작하는 데 어려움을 겪지 않고 공부에 집중할 수 있을 것이다. ▶ 집중력을 높이는 방법 ①: 공부를 규칙적인 습관으로 만들기

3 이렇게 집중을 했더라도 집중력을 계속 유지하는 것은 어렵다. 그러므로 계속 공부만 하는 것보다는 잠시 쉬면서
　　　　　　　　　　　　　　　　　　　　　　　　　　　　　　공부에 집중하는 방법 ②
스트레칭을 하는 것이 좋다. 오랫동안 같은 자세로 있으면 혈액 순환이 잘 이루어지지 않아서 쉽게 피곤해지고 머릿속
이 산만해지기 쉽다. 30~40분 정도 집중하여 공부했다면 기지개 켜기, 손목과 손가락 풀기, 목과 등 펴기, 눈썹 주변
　　　　　　　　　　　　　　　　한 자세로 오래 있지 않고 스트레칭을 해야 하는 이유　　　　　　　다양한 스트레칭 방법
부분 눌러 주기 등의 스트레칭으로 긴장되어 있던 몸을 유연하게 해 주는 것이 좋다. 이렇게 스트레칭을 하며 몸을 풀
어 주면 많이 피곤해지지 않게 되어 집중력을 높일 수 있다. ▶ 집중력을 높이는 방법 ②: 공부하는 중간에 쉬면서 스트레칭하기

4 마지막으로 처음부터 긴 시간 동안 집중해서 공부하려고 애쓰지 않는 것이 좋다. 처음에는 공부에 집중하는 시간
　　　　　　　　　　　　　　　　　　　　　　　　　　공부에 집중하는 방법 ③
을 짧게 잡는다. '5분 동안 집중해서 문제 풀기', '10분 동안 집중해서 책 읽기'와 같이 말이다. 이렇게 목표를 작게 잡으
면 집중하는 것이 어려웠던 사람도 짧은 시간만 집중하면 된다는 생각에 자신이 생각한 이상으로 집중력을 발휘할 수
있다. 목표가 작으면 부담이 적어서 목표를 이루기 쉽기 때문이다. 5분, 10분 동안 집중하는 것에 익숙해지면 시간을
　　　　집중하는 시간을 짧게 잡는 것이 효율적인 이유
조금씩 늘리면 된다. 집중하는 시간이 점점 늘어나면 시간을 효율적으로 사용
하여 공부할 수 있고, 공부에 자신감도 붙게 될 것이다.
　　▶ 집중력을 높이는 방법 ③: 처음에는 집중하는 시간을 짧게 잡고 점차 늘리기

❯❯ 글 내용 한눈에 보기 •••

본문 29쪽

1 집중력　**2** 습관　**3** 스트레칭　**4** 부담

◀ 글을 이해해요 ▶▶

☑ 자기 평가

본문 30쪽

01 (내용 이해)
③

◯ ✕

02 (내용 추론)
유진

◯ ✕

03 (내용 추론)
②

◯ ✕

04 (중심 내용 쓰기)
　공부할 때 집중력을 키우려면 공부를 <u>규칙적인 습관</u>
<u>으로 만들고</u>, 중간중간에 잠시 쉬면서 스트레칭을 하
고, 공부에 집중하는 시간을 짧게 시작해 조금씩 늘리
는 것이 좋다.

◯ ✕

01 3문단에서 집중력을 계속 유지하는 것은 어렵다고 했어
요.

(오답 풀이)
①, ② 3문단에서 오랫동안 같은 자세로 있으면 머릿속이 산
만해지므로 공부하는 중간에 잠시 쉬며 스트레칭을 해 주는
것이 좋다고 했어요.
④ 2문단에서 공부가 습관이 되어 자연스럽게 공부를 시작한
다면 공부를 시작하기 위해 쏟는 에너지가 줄어든다고 했어
요.
⑤ 4문단에서 5분, 10분 동안 집중하는 것에 익숙해지면 시
간을 조금씩 늘리며 집중하는 시간을 점점 늘릴 수 있다고 했
어요.

02 2문단에서 공부할 때 집중력을 높이려면 공부를 규칙적
인 습관으로 만들라고 했어요. 이를 가장 잘 실천하고 있는
사람은 유진이에요. 소은이는 공부가 아니라 다른 생각에 집
중하겠다고 하였고, 민우는 공부를 습관으로 만들지 않았어
요. 형준이처럼 공부하고 싶어질 때까지 기다리다가는 공부
를 아예 하지 못할 수 있어요.

(이럴 땐 이렇게!) 각 학생들의 말에서 본문에 나온 단어들을 찾고,
그 단어가 나온 부분을 읽으면 답을 쉽게 찾을 수 있어요. 예를 들어 유
진이의 말을 보고 '습관'이라는 단어가 나온 2문단을 읽어서 답을 찾을
수 있지요.

03 집중하지 않으면 숙제나 공부를 끝내는 데 시간이 오래
걸려요. 하지만 같은 숙제나 공부를 하더라도 집중하면 효율
적으로 시간을 사용해서 끝마칠 수 있어요.

04 이 글에서는 공부를 규칙적 습관으로 만들기, 공부하는
중간에 쉬면서 스트레칭하기, 처음에는 집중하는 시간을 짧
게 잡고 점차 늘리기와 같은 방법을 통해 집중력을 높일 수
있다고 설명하고 있어요.

◀ 어휘를 익혀요 ▶▶

본문 31쪽

01 **1** ✕　**2** ◯　**3** ◯　　**02** **1** 유연　**2** 순환　**3** 스트레칭　　**03** **1** 유지하기　**2** 산만해져　**3** 효율적

07 도서관에 가자

코칭 Tip 이 글은 도서관을 이용하는 태도와 방법에 대해 설명하는 글입니다. 도서관 이용 시 지켜야 할 예절과 도서관에서 책을 찾고 빌리는 방법을 파악하며 글을 읽을 수 있도록 합니다.

1 우리나라 곳곳에는 그 지역의 주민이 이용할 수 있는 <u>도서관</u>이 있다. 도서관은 책을 읽거나 공부를 하는 곳으로,
_{중심 소재}
여러 사람이 함께 이용하는 공공시설이다. 그러므로 우리는 다른 사람을 배려하면서 도서관을 이용해야 한다. 도서관
_{도서관 이용 예절을 지켜야 하는 이유}
을 이용할 때 지켜야 할 예절은 다음과 같다.

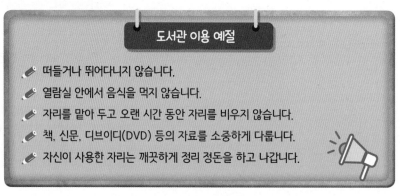

도서관 이용 예절

✎ 떠들거나 뛰어다니지 않습니다.
✎ 열람실 안에서 음식을 먹지 않습니다.
✎ 자리를 맡아 두고 오랜 시간 동안 자리를 비우지 않습니다.
✎ 책, 신문, 디브이디(DVD) 등의 자료를 소중하게 다룹니다.
✎ 자신이 사용한 자리는 깨끗하게 정리 정돈을 하고 나갑니다.

▶ 도서관 이용 시 지켜야 할 예절

2 이제 도서관에서 책을 찾는 방법을 알아보자. 『먼저, 도서관에 있는 검색용 컴퓨터에 자신이 찾으려는 책과 관련된
_{『 』: 도서관에서 책을 찾는 방법을 순서대로 설명함}
검색어를 입력한다. 검색 칸에 주제어, 제목, 글쓴이, 출판사 등의 정보를 입력하면 그와 관련된 책의 목록이 나온다.
이 목록 가운데에서 읽고 싶은 책의 도서 청구 기호를 인쇄하면 된다.』도서 청구 기호는 책을 찾을 때 꼭 필요한 것이기
때문이다.   ▶ 도서관에서 책을 찾는 방법

3 도서 청구 기호는 도서관에 있는 책을 일정한 기준에 따라 분류하기 위해 책에 숫자와 문자를 붙인 이름표다. 도서
_{도서 청구 기호의 개념}
관에서는 비슷한 영역을 다룬 책끼리 분류해 놓는다. 도서 청구 기호는 책의 종류
_{도서관 책 분류 기준}   _{도서 청구 기호가 나타내는 의미}
와 주제, 위치를 나타낸다. 검색한 도서 청구 기호에서 가장 앞에 있는 세 자리의
_{책의 큰 영역을 나타냄}
분류 번호는 위에서 설명한 대로 책을 큰 영역에 따라 분류한 기호이다. 분류 기호
가 400번대에서 시작하면 '400'이라는 표시가 있는 책장 쪽으로 가서 책을 찾아야
한다. 분류 기호를 확인하고 그 뒤에 나오는 저자·도서 기호를 차례로 살펴보면
책을 쉽게 찾을 수 있다.   ▶ 도서 청구 기호의 개념과 도서 청구 기호가 나타내는 내용

4 이렇게 찾은 책을 도서관에서 다 읽지 못한 경우에는 책을 대출하여 집으로 가져와 더 읽을 수도 있다. 주의할 것
은 도서관마다 한 번에 빌릴 수 있는 책의 권수와 대출 기간이 정해져 있으니 각 도서관의 규정을 꼭 확인해야 한다. 또
_{책 대출 시 도서관 규정에서 확인해야 할 사항}
한 도서관의 책은 여러 사람이 함께 이용하는 것이므로 대출 기간이 끝나는 날까지 책을 꼭 반납해야 한다. 만약 책을
반납하기 어려운 상황이라면 반납일이 되기 전에 반납을 연기해야 한다. 책을 반납하지 못하고 연체하면 벌금을 내야
하거나, 연체한 날만큼 책을 대출하지 못하게 된다. 그럼 이제 도서관을 찾아가 공공 예절을 지키며 도서관을 이용하
_{책 연체 시에 받을 수 있는 제약}
고, 원하는 책을 찾아 읽어 보자.   ▶ 도서관에서 책을 대출하는 방법

❯❯ 글 내용 한눈에 보기 •••

본문 33쪽

1 예절 **2** 책 **3** 청구 기호 **4** 대출 **5** 연기

◀ 글을 이해해요 ▶

☑ 자기 평가

본문 34쪽

01 (내용 이해)
⑤

◯ ✕

02 (내용 이해)
②

◯ ✕

03 (내용 추론)
1 ㄷ   **2** ㄱ   **3** ㄴ

◯ ✕

04 (중심 내용 쓰기)
   도서관에서는 다른 사람을 배려하면서 이용 예절을 지켜 행동하며, 책을 찾고 빌리는 방법을 알고 이용해야 한다.

◯ ✕

01 2문단을 보면 도서관에서 책을 찾을 때에는 가장 먼저 검색용 컴퓨터에 자신이 찾으려는 책과 관련된 검색어를 입력해야 한다고 했어요.

02 3문단에서 도서 청구 기호는 책의 종류와 주제, 위치를 나타낼 뿐 가격이나 두께를 나타낸다고 하지는 않았어요.

 (오답 풀이)
① 도서 청구 기호에는 영역을 나타내는 분류 기호가 숫자로 나타나 있어요.
③ 도서 청구 기호는 책의 위치를 나타내어 도서관에서 책을 찾을 때 필요해요.
④ 도서 청구 기호의 뜻이에요.
⑤ 도서 청구 기호에서 앞에 있는 세 자리의 분류 번호는 책을 큰 영역에 따라 분류한 기호예요.

 (이럴 땐 이렇게!) 도서 청구 기호에 대해서는 3문단에서 자세하게 설명하고 있어요. 그러니 각 선지의 내용을 3문단에서 찾아보면 돼요.

03 **1** 빌릴 수 있는 자료의 양을 나타내므로 '대출 권수'가 들어가야 해요.
2 책을 빌릴 수 있는 기간을 나타내므로 '대출 기간'이 들어가야 해요.
3 책의 반납을 미루는 내용을 나타내므로 '반납 연기'가 들어가야 해요.

04 이 글은 공공시설인 도서관을 올바르게 이용하는 예절과, 도서관에서 책을 찾고 빌리는 방법에 대해 설명하고 있어요.

◀ 어휘를 익혀요 ▶

본문 35쪽

01 **1** ㄴ   **2** ㄷ   **3** ㄱ   **02** **1** 분류   **2** 연기   **3** 공공시설   **03** **1** 대출   **2** 연체   **3** 검색

08 키우지 않는 용기

코칭 Tip 이 글은 고양이를 키우기 위한 마음가짐에 대해 글쓴이가 주장하는 바를 담은 글입니다. 고양이와 같은 반려동물을 키우려고 할 때 어떤 마음으로 임해야 하는지 파악하며 글을 읽을 수 있도록 합니다.

1 우리 주변에서는 반려동물을 키우는 사람들을 흔히 볼 수 있다. 그중에서도 최근에는 고양이를 키우는 사람이 많
아졌다. 조사에 따르면 반려동물로 키우는 고양이의 수는 2006년에는 50만 마리가 채 되지 않았으나 2017년에는 150
만 마리가 넘었다고 한다. 고양이는 전용 화장실에 용변을 보고 주인을 많이 찾지 않는다. 또 목욕을 자주 시키지 않아
도 되고 산책을 시킬 필요도 없어서 어떤 사람은 개보다 고양이를 키우는 것이 더 쉽다고 말한다. 이러한 말을 듣고 키
우기 쉽다니 나도 한번 고양이를 키워 볼까 하는 생각으로 덜컥 고양이를 키우는 사람들도 있다. 하지만 이런 마음으로
고양이와 함께 산다면 사람도 고양이도 모두 불행해질 수 있다. ▶ 반려동물 중 고양이를 기르는 사람이 많아진 현실

2 집에서 기르는 고양이의 평균 수명은 15년 정도이다. 지금 당신이 새끼 고양이를 키우기 시작한다면 당신은 앞으
로 15년 동안 그 고양이와 함께해야 한다. 이는 앞으로 15년 동안 당신의 생활에서 고양이를 늘 고려해야 한다는 의미
이다. 고양이를 비롯해 모든 반려동물은 자신이 필요할 때만 함께하고, 필요하지 않으면 버리거나 없앨 수 있는 물건이
아니다. 반려동물을 기른다는 것은 그 반려동물의 평생을 책임지겠다는 마음가짐이 필요한 일이다.
▶ 반려동물의 평생을 책임지겠다는 마음가짐의 필요성

3 하지만 우리나라에서 버려지는 반려동물의 수는 해마다 늘어나고 있다. 2017년 통계에 따르면 1년 동안 버려진 고
양이의 수는 약 2만 7,000마리에 이른다. 키워 보니까 돌봐야 하는 일이 많다거나, 예방 접종이나 병원 치료에 돈이 많
이 든다거나 하는 등의 이유 때문이다. 반려동물의 수는 크게 늘어났지만 반려동물에 대한 사람들의 생각은 자라지 못
했다는 것을 알 수 있다. 이럴 때 필요한 것은 잘 키울 수 있다는 자신감보다 오히려 '키우지 않는 용기'가 아닐까?
▶ 반려동물을 잘 키울 수 있다는 자신감보다 더 필요한 '키우지 않는 용기'

4 고양이를 키울 수 있는 상황도 되고 잘 돌볼 책임감도 있다면, 고양이를 사지 말고 버려진 고양이를 입양하는 방법
을 고려해 볼 수 있다. 동물 보호소나 구조 단체의 누리집에 들어가 보면 새로운 가족을 기다리는 고양이를 쉽게 찾을
수 있다. 끝까지 키울 자신이 없어서 '키우지 않는 용기'를 냈지만 고양이를 돌보고 싶은 사람들에게 추천하고 싶은 방
법도 있다. 동물 보호소나 구조 단체에서 보호하고 있는 고양이를 후원하는 것이다. 고
양이를 후원하면 누리집에서 고양이가 지내는 모습을 확인할 수 있고, 동물 보호
소나 구조 단체에 찾아가서 고양이를 직접 볼 수도 있다.
▶ 글쓴이의 제안: 버려진 고양이 입양하기, 구조된 고양이 후원하기

나를 키우고 싶나용?

❯❯ 글 내용 한눈에 보기 ●●●

본문 37쪽

1 고양이   **2** 평생   **3** 용기   **4** 입양   **5** 후원

◀ 글을 이해해요 ▶

☑ 자기 평가

본문 38쪽

01 (내용 이해)
⑤
○ ✕

02 (내용 추론)
1, **3**, **4**
○ ✕

03 (내용 추론)
①
○ ✕

04 (중심 내용 쓰기)
<u>고양이의 평생을 책임지겠다는</u> 마음가짐을 갖고 고양이를 키워야 한다.
○ ✕

---

01 3문단을 보면 반려동물을 키우는 사람이 많아진 반면 버려지는 반려동물의 수도 늘어나고 있는 현실에 대해, 글쓴이는 이것이 반려동물에 대한 사람들의 생각이 자라지 못했기 때문이라고 했어요.

（오답 풀이）
① 글쓴이는 1문단에서 고양이와 같은 반려동물을 키우는 사람들이 늘어났다고 했고, 3문단에서 버려지는 반려동물의 수가 많다고 했어요. 이를 통해 볼 때 사람들이 반려동물을 쉽게 키우고 쉽게 버린다는 것을 알 수 있어요.
② 3문단에서 글쓴이는 반려동물을 함부로 '키우지 않는 용기'가 필요하다고 했어요.
③ 4문단에서 글쓴이는 고양이를 키우려고 하는 사람들에게 고양이를 사지 말고 버려진 고양이를 입양하는 방법을 제안했어요.
④ 2문단에서 글쓴이는 반려동물을 기른다는 것은 그 반려동물의 평생을 책임지겠다는 마음가짐이 필요한 일이라고 했어요.

02 **1**, **3** 글쓴이는 2문단에서 고양이가 필요하지 않다고 버려서는 안 되며, 고양이가 죽을 때까지 평생 책임감 있게 돌봐야 한다고 했어요.
4 글쓴이는 3문단에서 돌봐야 하는 일이 많다거나, 예방 접종 또는 병원 치료에 돈이 많이 든다는 이유로 반려동물을 버려서는 안 된다고 했어요.

03 ⓐ은 바로 앞 문장에 나온 '키우기 쉽다니 나도 한번 고양이를 키워 볼까' 하는 마음을 가리키는 것이에요.
（이럴 땐 이렇게!）밑줄 친 말의 의미를 알고 싶을 때에는 밑줄 앞뒤에 나오는 문장들을 읽으면 쉽게 알 수 있어요.

04 이 글은 고양이가 죽을 때까지 평생 책임지겠다는 마음가짐으로 고양이를 키워야 한다고 주장하는 글이에요.

◀ 어휘를 익혀요 ▶

본문 39쪽

01 **1** 후원   **2** 통계   **3** 평균 수명   **02** **1** 용변   **2** 구조   **03** **1** 입양   **2** 추천   **3** 고려

09 세계의 아침 식사

코칭 Tip 이 글은 세계의 다양한 아침 식사에 대해 설명하는 글입니다. 각 나라의 사람들이 아침 식사로 무엇을 먹는지 파악하면서 글을 읽을 수 있도록 합니다.

① 우리는 매일 아침 식사를 하며 하루를 시작한다. 시간이 없거나 입맛이 없어서 아침 식사를 거르는 사람들이 많기
중심 소재
도 하지만, 규칙적인 아침 식사는 우리 몸의 건강을 위해 매우 중요하다. 우리나라에서는 주로 아침 식사로 밥과 국에 몇 가지 반찬을 곁들여 먹는다. 그러나 다른 나라에서는 그 나라의 고유한 관습이나 생활 양식에 따라 다양한 식재료를
세계 여러 나라의 아침 식사가 다양한 이유
이용한 음식들로 저마다 다른 아침 식사를 한다. 그렇다면 세계 여러 나라의 사람들은 아침 식사로 주로 무엇을 먹을
글의 화제를 제시함
까?
▶ 아침 식사의 중요성

② 미국 사람들은 달걀프라이, 구운 베이컨, 팬케이크 등을 한 접시에 담아 먹는다. 팬케이크는 밀가루에 달걀, 우유,
□: 미국식 아침 식사의 메뉴   팬케이크의 개념

설탕을 한데 반죽하여 팬에서 구운 빈대떡 모양의 말랑한 케이크를 말한다. 음료는 우유나 주스, 커피를 곁들인다. 이렇게 하는 식사를 '미국식 아침 식사'라는 뜻인 '아메리칸 브렉퍼스트(American breakfast)'라고 부른다. 팬케이크 대신 토스트를 먹거나, 달걀프라이 대신 오믈렛이나 스크램블드에그를 먹기도 한다. 오믈렛은 고기나 야채 따위를 잘게 썰어 볶은 것을 지진 달걀로
오믈렛의 개념
싼 요리이며, 스크램블드에그는 달걀에 우유를 넣어 버터로 볶은 요리이다.
스크램블드에그의 개념
이 외에도 과일이나 시리얼을 함께 먹는다.
▶ 미국의 아침 식사

③ 중국은 나라가 무척 커서 지역마다 먹는 음식이 다르다. 아침 식사도 지역에 따라 다르지만, 대부분 지역에서는 '요우탸오'를 다른 음식에 곁들여 먹
△: 중국식 아침 식사의 메뉴
는다. 요우탸오는 밀가루 반죽을 막대 모양으로 만들어 기름에 튀긴 빵이다.
요우탸오의 개념
겉은 바삭하고 속은 스펀지처럼 말랑한 것이 특징이다. 요우탸오는 죽이나 순두부 등 여러 가지 음식과 함께 먹을 수 있지만, 주로 '도우장'과 함께 먹는다. 도우장은 콩을 갈아 만든 따뜻한 국으로, 두유와 비슷하게 담백하고 고
도우장의 개념
소한 맛이 나는 음식이다.
▶ 중국의 아침 식사

④ 터키에서는 전통 아침 식사를 '카흐발트'라고 부른다. 『터키 말로
『: 카흐발트의 어원
'커피'와 '먼저'가 합쳐진 말인데, 터키 사람들이 커피를 마시기 전에 무엇인가를 먹는 문화에서 시작되었다.』그래서 터키 사람들은 아침 식사를 한 다음에 커피를 마신다. 『터키식 빵인 '에크멕'과 '시미트',
『』: 터키식 아침 식사의 메뉴
터키식 피자인 '피데', 그리고 샐러드, 채소튀김, 요구르트, 올리브, 각종 치즈와 잼 등』다양한 음식들을 식탁에 함께 차려 풍성하게 먹는다. 그리고 꼭 터키식 홍차인 '차이'를 함께 마신다. ▶ 터키의 아침 식사

❯❯ 글 내용 한눈에 보기 •••

본문 41쪽

1 아침 식사   **2** 미국   **3** 막대   **4** 카흐발트

◀ 글을 이해해요 ▶

☑ 자기 평가

본문 42쪽

01 (내용 이해)
　1 한 접시에　　**2** 튀긴
　3 마시기 전

○ ✕

02 (내용 이해)
　②

○ ✕

03 (내용 추론)
　중국은 나라가 무척 커서 지역마다 먹는 아침 식사가 다를 수 있어.

○ ✕

04 (중심 내용 쓰기)
　미국, 중국, 터키를 비롯한 세계 여러 나라의 사람들은 (다양한 식재료를 이용한 음식들로) 저마다 다른 아침 식사를 한다.

○ ✕

01 **1** 2문단에서 미국 사람들은 달걀프라이, 구운 베이컨, 팬케이크 등을 한 접시에 담아 먹는다고 했어요.
2 3문단에서 요우탸오는 밀가루 반죽을 막대 모양으로 만들어 기름에 튀긴 빵이라고 했어요.
3 4문단에서 카흐발트는 터키 사람들이 커피를 마시기 전에 무엇인가를 먹는 문화에서 시작되었다고 했어요.

02 터키의 아침 식사에 대해서는 4문단에 나와 있어요. 4문단에 따르면 터키 사람들은 아침 식사를 할 때 터키식 홍차인 '차이'를 함께 마셔요.

(오답 풀이)
① 2문단에서 미국 사람들은 아침 식사를 할 때 다른 요리와 더불어 과일을 먹기도 한다고 했어요.
③ 4문단에서 터키 사람들은 다양한 음식들을 식탁에 함께 차려 풍성하게 먹는다고 했어요.
④ 3문단에서 중국 사람들이 먹는 요우탸오는 겉은 바삭하고 속은 스펀지처럼 말랑한 것이 특징이라고 했어요.
⑤ 1문단에서 규칙적인 아침 식사는 우리 몸의 건강을 위해 매우 중요하다고 했어요.

03 3문단을 보면 중국에서는 대부분 아침 식사로 요우탸오를 먹는다고 했지만, 나라가 무척 커서 지역마다 다른 아침 식사를 할 수 있다고도 했어요.

04 이 글은 미국, 중국, 터키의 예를 통해 세계 여러 나라의 사람들이 저마다 다르게 먹는 아침 식사의 메뉴에 대해 설명하고 있어요.

◀ 어휘를 익혀요 ▶

본문 43쪽

01 **1** ㄷ **2** ㄴ **3** ㄱ　　**02** **1** 담백 **2** 주로 **3** 오믈렛　　**03** **1** 고소 **2** 풍성

10 가난한 양반 형제 이야기

코칭Tip 이 글은 가난한 양반 형제의 우애를 다룬 이야기입니다. 형과 동생이 같은 상황에서 다르게 생각하고 행동한 까닭을 파악하며 글을 읽을 수 있도록 합니다.

① 옛날 어느 마을에 가난한 <u>양반 형제</u>가 살았다. 형편은 어려웠지만 우애만큼은 돈독한 형제였다. 부모님이 돌아가
　　　　　　　　　　　　　　　중심인물
신 후 <u>형은 과거에 급제하여 집안을 일으키려고 공부에만 몰두했다. 그러나 동생은 먼저 돈을 벌어서 집안을 돌본 후</u>
　　　　　　　　　　　　　　　과거를 보는 시기에 대한 생각이 서로 다른 형과 동생
<u>과거를 보기로 마음먹었다.</u>

"형님, 우리 둘 다 굶어 죽겠어요. 제가 주막이라도 차려 돈을 벌어 오겠습니다."

"아우야, 과거 공부는 어찌하고! 게다가 어떻게 양반이 주막 일을 하겠다 하느냐."

"형님, <u>입에 풀칠이라도</u> 해야 과거 공부도 하지요. 당장 여기서는 양반 체면이 서지 않으니 아는 사람이 없는 곳에
　　　　'입에 풀칠하다' - 어렵사리 겨우 살아감을 나타내는 말
가서 주막을 하겠습니다."

동생은 해가 뜨지 않은 이른 새벽, 형의 만류도 뿌리치고 마을 사람들이 하루를 시작하기 전에 마을을 떠났다. 그리
고 아무도 모르는 곳에서 주막을 열어 장사를 시작하였다. 　　　　　　　　　　　　　　▶ 돈을 벌기 위해 혼자 마을을 떠난 동생

② 그로부터 5년이 지난 어느 날, 형은 집을 떠난 동생의 소식이 궁금하여 동생을 찾아 나섰다. 그러다 어느 낯선 마을
에 이르러 주막에서 바쁘게 일하는 동생을 보게 되었다. 형은 그런 동생을 한참 바라보다가 주막에 들어가 주문을 하였다.

"흠흠, 아우야! 잘 지냈느냐. 나 국밥 한 그릇 다오."

"아이고 형님! 이 먼 곳을 찾아오시다니요. 금방 갖다드리겠습니다."

형이 국밥을 맛있게 먹고 자리에서 일어서자,

"형님, 밥값은 두 푼입니다. 형제간이라도 계산은 하셔야지요."

동생은 떨리는 목소리로 형에게 밥값을 내라고 하였다.
동생도 형에게 밥값을 받는 데 대한 미안함을 느끼고 있음
"이런 몹쓸 녀석 같으니라고, 앉은 자리에 풀도 안 나겠다! 옛다!"
　　　　　　　　　　　사람이 몹시 쌀쌀맞고 냉정한 경우를 비유적으로 이르는 속담
화가 난 형은 엽전 두 푼을 내던지고 돌아섰다. 그 모습을 보며 동생은 혼자 중얼거렸다.
동생의 결심을 모르는 형은 자신에게조차 밥값을 받는 동생에게 서운함을 느낌
"멀리서 찾아온 형님에게까지 밥값을 받다니……. 하지만 형님에게 돈을 받지 않았더라면 내 결심이 흔들렸을 게야."
　　　　　　　　　　　　　　　　　　　　　　　　　돈을 많이 모아 좋은 집에서 형과 함께 살며 공부하려는 마음
동생의 마음을 알 리 없는 형은 화가 난 채로 주막을 떠났다. 　　　　　　　　　　▶ 오랜만에 만난 형제간의 오해

③ 그 후로 또 5년의 세월이 흘렀다. 어느 날, <u>형이 살고 있는 초가에</u> 갓을 쓰고 비단옷을 입은 동생이 말을 타고 찾아
　　　　　　　　　　　　　　　　　　　　　　여전히 가난하게 공부하는 형　　　　　부자가 되어 나타난 동생
왔다.

"형님, 저는 지난 십 년간 한 푼, 두 푼 돈을 모았습니다. 그래서 넓은 땅과 기와집을 마련하였습니다. 이제 저와 함
　　　　　　　　　　　　　　　　　　　　　　　　　　　　동생이 열심히 돈을 벌어 얻은 것
께 마음 놓고 공부를 하시지요. 제가 돈만 모으는 사람이라면 한낱 모리배에 지나지 않을 것입니다."
　　　　　　　　　　　　　　　돈보다는 형과 함께하는 것이 삶의 목적이었음
"<u>아우야, 나는 네 마음이 그런 줄도 모르고 서운해했구나. 네가 형인 나보다 낫다.</u>"
　　　　　　　　　동생에 대한 오해를 푼 형
형제는 동생의 기와집에서 함께 공부하여 둘 다 과거에 급제하였다. 　　　　　　▶ 오해를 풀고 화해하는 형과 동생

≫ 글 내용 한눈에 보기 ●●●

본문 45쪽

1 과거 **2** 돈 **3** 주막 **4** 급제

◀ 글을 이해해요 ▶

☑ 자기 평가

본문 46쪽

01 (내용 추론)
지아

○ ✕

02 (내용 이해)
⑤

○ ✕

03 (내용 추론)
⑤

○ ✕

04 (중심 내용 쓰기)
　동생은 넉넉한 형편에서 형과 함께 공부하기 위해 마
을을 떠나 주막을 차려 열심히 돈을 번 후 형을 찾아왔
고, 둘은 같이 공부하여 함께 과거에 급제했다.

○ ✕

01 지아가 이해한 것처럼, 동생은 사랑하는 형과 좋은 형
편에서 함께 공부하기 위해 열심히 일해서 돈을 모은 거예요.
형은 마을을 떠난 동생의 소식이 궁금하여 동생을 찾아 나섰
고, 동생이 끝까지 마을을 떠나지 못하게 막지는 않았어요.
그러므로 은재와 승우의 말은 알맞지 않아요.

(이럴 땐 이렇게!) 이 문제는 등장인물의 심리와 태도를 파악하는 문
제예요. 이러한 문제를 해결하려면 글을 읽으면서 각 등장인물의 심리
나 태도가 드러나는 말과 행동에 밑줄을 긋고, 그 내용을 간략하게
정리해 보면 좋아요.

02 1문단에서 형이 동생에게 양반이 어찌 주막 일을 하겠
느냐고 하자, 동생은 이 마을에서는 양반 체면이 서지 않으니
아는 사람이 없는 곳에 가서 주막을 하겠다고 했어요.

(오답 풀이)
① 형은 동생이 주막 일을 하는 것 자체를 반대했어요.
②, ③ 동생이 마을에 주막을 차리지 않은 것은 양반 체면 때
문이지, 돈이 부족하다거나 사람이 많이 찾아오는 곳에서 주
막을 열기 위해서가 아니에요.
④ 동생이 멀리서 주막을 차려 양반이 하는 주막임을 소문내
고자 했는지는 이 글에 나와 있지 않아요.

03 마을을 떠나 주막을 차리고 동생은 형에게마저 밥값을
받을 정도로 열심히 돈을 벌었어요. 이는 훗날 넉넉한 상황에
서 형과 함께 과거 공부를 하기 위한 것이었어요.

04 이 글은 가난한 양반 형제의 우애를 다룬 이야기예요.
동생은 넉넉한 형편에서 형과 함께 과거 공부를 하기 위해 주
막을 차려 십 년간 돈을 열심히 번 후, 형을 찾아와 함께 공부
하여 과거에 급제했어요.

◀ 어휘를 익혀요 ▶

본문 47쪽

01 **1** ㄴ **2** ㄱ **3** ㄷ   **02** **1** 몹쓸 **2** 만류 **3** 급제   **03** **1** 돈독 **2** 몰두

11 서울은 왜 서울일까

코칭 Tip 이 글은 우리나라의 수도인 서울 지역의 이름 변화와 '서울'이라는 이름의 유래를 설명하는 글입니다. 서울이 언제부터 그러한 이름으로 불리게 되었는지 파악하면서 글을 읽을 수 있도록 합니다.

1

┌ 질문으로 글을 시작하여 중심 소재인 '서울'을 강조함

- 우리나라에서 약 1,000만 명이 살고 있는 도시는 어디일까?
- 도시의 중심부에 큰 강이 흐르는 도시는 어디일까?
- 25개의 구(區)로 이루어져 있는 도시는 어디일까?
- 우리나라 정치의 중심지이자 올림픽이 개최된 도시는 어디일까?

위 질문에 대한 답은 하나다. 바로 대한민국의 수도인 <u>서울</u>이다. 서울은 언제부터 우리나라의 수도였으며, 서울이라
　　　　　　　　　　　　　　　　　중심 소재
는 이름은 누가 만든 것일까?　　　　　　　　　　　　　　　　　　　　　　　▶ 우리나라의 수도인 '서울'에 대한 궁금증

2 삼국 시대로 거슬러 올라가 보자. 현재 서울이 있는 자리를 차지하고 있던 나라는 백제로, 백제의 수도는 처음에
<u>위례성</u>이었다가 나중에 <u>한성</u>으로 바뀐다. 신라가 이 지역을 뺏어서 <u>신주</u>라고 했는데, 신주는 통일 신라 시대에는 <u>한산</u>
　: 서울 지역의 이름 변화
<u>주</u>로 바뀐다. 이후 통일 신라가 다시 후고구려, 후백제, 신라로 분열되고 고려가 이 후삼국을 통일한다. 그런데 고려는
현재의 서울 지역이 아닌 경기도 북서쪽의 개경을 수도로 정한다. 이때 현재의 서울은 <u>양주</u>로 불리었고 후에 <u>남경</u>으로
승격된다. 고려가 멸망하고 조선이 세워지면서 현재의 서울 지역인 <u>한양</u>이 수도가 된다. 일제 강점기 때에는 한양을 <u>경</u>
<u>성</u>이라고 부르다가, 광복 이후에야 비로소 지금의 서울 지역을 서울이라고 부르게 되었다.
　서울의 현재 명칭이 자리 잡은 시기　　　　　　　　　　　　　　　　　　　　　▶ 시대에 따라 다른 이름으로 불린 지금의 서울 지역

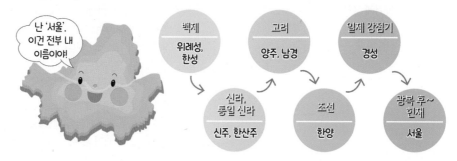

3 그렇다면 '서울'이라는 말은 어떻게 생겼을까? 신라의 옛 이름인 '서라벌', '서벌'에서 비롯되었다는 이야기가 있다.
　　　　　　　　　　　　　　　　　　　　　　　　　　　'서울' 이름의 첫 번째 유래
'서라벌'과 '서벌'의 '서라, 서'는 '높다'라는 뜻이고, '벌'은 '울타리'라는 뜻이다. '서라벌'과 '서벌'에서 온 '서울'이라는 말
은 '높은 울타리'라는 뜻으로, 원래는 큰 마을, 즉 나라의 수도라는 의미만 지니고 있었다고 한다. 이후 시간이 흐르면서
　　　　　　　　　　　　'서라벌, 서벌'에서 온 '서울'의 의미
'서울'은 나라의 수도를 의미하는 말이면서 우리나라의 특정한 지역을 가리키는 말이 되었다.
　　　　　　　　　현재 '서울'이 갖는 의미　　　　　　　　　　　　　▶ '서울'이라는 이름의 유래 ①: 신라의 옛 이름인 '서라벌', '서벌'

4 '서울'이라는 이름의 유래에 대한 다른 이야기도 있다. 조선을 세운 왕인 이성계는 수도를 개경에서 한양으로 옮긴
다음 성을 지었다. 이성계는 뒷산인 인왕산의 선바위를 성안에 둘지, 성 밖에 둘지 고민하였다. 그러던 어느 날 눈이 내
려 밖을 보니 눈 내린 모습이 신기했다. 선바위 안쪽에는 눈이 없고, 바깥쪽에만 눈이 있었던 것이다. 그것을 본 이성계
는 선바위를 성 밖에 두기로 결정하였다. 이러한 이야기로부터 한양의 성 울타리는 눈이 정해 주었다고 하여 눈이 만들
어 준 울타리, 곧 '눈 설(雪)'과 '울타리'를 합쳐 '설울'이 생겼다고 한다. 그리고 이 '설울'이 지금의 '서울'이 된 것이라고
　　　　　　　　　　　　　　　　　　'서울' 이름의 두 번째 유래
한다.
　　　　　　　　　　　　　　　　　　　　　　　▶ '서울'이라는 이름의 유래 ②: '눈이 만들어 준 울타리'라는 뜻의 '설울'

⚡ 글 내용 한눈에 보기 •••

본문 49쪽

1 신주　**2** 한양　**3** 서라벌　**4** 이성계

◀ 글을 이해해요 ▶

☑ 자기 평가

본문 50쪽

01 (내용 이해)

1 ㅁ　　　　**2** ㄹ　　　　**3** ㄷ
4 ㄴ　　　　**5** ㄱ

⚪ ✕

02 (내용 이해)
④

⚪ ✕

03 (내용 추론)
⑤

⚪ ✕

04 (중심 내용 쓰기)

서울 지역의 이름은 시대에 따라 변화해 왔으며, '서울'이라는 이름의 유래는 <u>신라의 옛 이름(인 '서라벌', '서벌')에서</u> 비롯되었다는 것과, 이성계가 눈을 보고 한양의 성 울타리를 정했다는 것 두 가지가 있다.

⚪ ✕

01 2문단에서 현재 서울 지역은 백제 때는 위례성, 한성으로, 신라 때는 신주, 통일 신라 때는 한산주로 불렸다고 했어요. 이후 고려 때는 양주, 그 후에 남경으로 승격되었으며 조선이 세워진 후에는 한양, 일제 강점기에는 경성으로 불렸다고 했어요.

(이럴 땐 이렇게!) 시대에 따라 바뀐 서울 지역의 이름을 외우려하기보다는, 글을 여러 번 반복해서 읽으며 나라와 이름을 연결하는 연습을 하는 것이 좋아요.

02 1문단이 시작되는 부분에 제시된 질문들을 통해 볼 때, 현재 서울의 중심부에는 큰 강이 흐르고 있을 뿐 넓은 바다가 있지는 않아요.

(오답 풀이)
① 1문단의 세 번째 질문에서 알 수 있는 내용이에요.
② 1문단의 첫 번째 질문에서 알 수 있는 내용이에요.
③, ⑤ 1문단의 네 번째 질문에서 알 수 있는 내용이에요.

03 2문단의 내용을 통해 볼 때, '서울'이라는 이름은 광복 이후에야 쓰였으며 이때도 우리나라를 부르는 말이 아니라 지금의 서울 지역을 부르는 말이었음을 알 수 있어요.

(오답 풀이)
① 현재 '서울'은 대한민국의 수도를 의미해요.
② 2문단에 시대에 따라 변화한 서울 지역의 이름이 나와 있어요.
③ 2문단에서 고려는 현재 서울 지역이 아닌, 개경을 수도로 정했다고 했어요.
④ 3~4문단에서 '서울'이라는 이름의 두 가지 유래를 설명했어요.

04 이 글은 서울 지역의 시대에 따른 이름 변화와, '서울'이라는 이름의 두 가지 유래에 대해 설명한 글이에요.

◀ 어휘를 익혀요 ▶

본문 51쪽

01 **1** ㄷ　**2** ㄱ　**3** ㄴ　　　**02** **1** ⚪　**2** ✕　　　**03** **1** 승격　**2** 개최　**3** 분열

12 조선 시대의 냉장고

> **코칭 Tip** 이 글은 조선 시대에 얼음을 보관하던 창고인 석빙고의 제작 원리를 설명하는 글입니다. 여름에 얼음을 보관했던 조상들의 지혜를 파악하며 글을 읽을 수 있도록 합니다.

1 푹푹 찌는 한여름이 되면 사람들은 시원한 아이스크림이나 얼음을 먹는다. 이것은 모두 냉장고 덕분이다. 그런데 냉장고가 없었던 조선 시대의 사람들도 여름에 차가운 얼음을 먹었다고 한다. 『조상들은 겨울도 아닌 여름에 어떻게 얼음이 녹지 않게 두었던 것일까? 이에 대한 답은 돌로 만들어진 얼음 창고, 석빙고(石氷庫)에 있다.』석빙고에는 우리 선조들의 과학적인 지혜가 담겨 있다. 석빙고는 그 위치, 모양, 문, 내부, 환기구, 천장, 배수로 등을 모두 꼼꼼하게 계산하여 만들었다.

`『 』: 스스로 질문하고 답하는 방식으로 중심 소재를 소개함`
`석빙고: 중심 소재`
▶ 조선 시대에 얼음을 보관하던 얼음 창고인 석빙고

2 석빙고는 땅을 파서 반지하에 지었으며 윗면을 무덤처럼 둥글게 만들었다. 더운 날 지하로 내려갔을 때 시원함을 느껴 본 적이 있을 것이다. 이렇듯 석빙고는 땅 위가 아니라 반지하에 있었기 때문에 온도가 낮았다. 겉모습이 네모 모양이면 석빙고는 여름에 더운 바람을 그대로 맞게 된다. 그래서 석빙고의 윗면을 둥글게 만들어 더운 바람이 둥근 등을 타고 흘러가도록 하고 윗면에 잔디를 심어 태양열을 막았다. 또한 석빙고의 문은 일반적인 문보다 작게 만들었는데, 이는 더운 바람이 석빙고 안으로 들어가지 못하도록 하기 위해서였다.

`반지하라 온도가 낮기 때문`
`열기를 막기 위한 윗면의 둥근 형태와 잔디`
`문을 작게 만든 이유`
▶ 석빙고가 반지하에 지어진 이유와 외부 특징

3 이렇게 꼼꼼하게 계산하여 만든 석빙고이지만, 너무 더운 여름에는 내부 공기가 뜨거워질 수 있었다. 그래서 천장에 빈 공간을 만들어 위로 뜬 더운 공기가 이 빈 공간에 갇혀 얼음에 접근하지 못하도록 했다. 또한 석빙고의 윗부분에는 더운 공기를 밖으로 빼는 구멍을 여러 개 만들었다. 그리고 석빙고 바닥 한가운데에 얼음이 녹은 물이 빠져나갈 수 있는 배수로를 만들었다. 얼음에서 녹아 흐른 물이 다른 얼음까지 녹일 수 있기 때문에 이를 막기 위해서였다.

`석빙고의 내부 특징 ①`
`석빙고의 내부 특징 ②`
`석빙고의 내부 특징 ③`
▶ 석빙고의 내부 특징

4 이렇게 석빙고를 지을 때 과학적 원리를 이용했을 뿐만 아니라 석빙고를 지을 장소를 고를 때에도 자연의 원리를 활용했다. 석빙고는 강과 시내 주위에 지어졌다. 추운 겨울에 강이나 시내의 얼음이 단단하게 얼면 얼음을 잘라 석빙고에 넣어 저장해야 했기 때문이다. 또 뒤쪽에 산이 없는 곳에 석빙고를 지었다. 『우리나라에는 겨울이 되면 북서쪽에서 차가운 바람이 불어오는데, 이 차가운 바람이 석빙고에 닿아야 얼음이 녹지 않도록 보관하는 데 도움이 된다. 그래서 겨울바람이 잘 닿는 곳에 석빙고를 지은 것이다.』이렇게 과학적 원리와 자연의 원리를 잘 활용하여 지은 석빙고에는 우리 조상들의 슬기가 담겨 있다.

`석빙고가 지어진 장소의 조건 ①`
`석빙고를 강, 시내 주위에 지은 이유`
`석빙고가 지어진 장소의 조건 ②`
`『 』: 석빙고를 뒤쪽에 산 없는 곳에 지은 이유`
▶ 석빙고가 지어진 장소에서 알 수 있는 조상들의 슬기

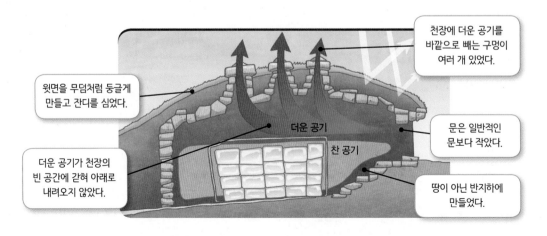

천장에 더운 공기를 바깥으로 빼는 구멍이 여러 개 있었다.

윗면을 무덤처럼 둥글게 만들고 잔디를 심었다.

더운 공기

찬 공기

더운 공기가 천장의 빈 공간에 갇혀 아래로 내려오지 않았다.

문은 일반적인 문보다 작았다.

땅이 아닌 반지하에 만들었다.

❯❯ 글 내용 한눈에 보기 •••

본문 53쪽

❶ 석빙고   ❷ 무덤   ❸ 문   ❹ 배수로   ❺ 산

◀ 글을 이해해요 ▶

☑ 자기 평가

본문 54쪽

01 (내용 이해)
⑤

◯ ✕

02 (내용 이해)
ㄷ

◯ ✕

03 (내용 추론)
③

◯ ✕

04 (중심 내용 쓰기)
석빙고는 과학적 원리와 자연의 원리를 잘 활용하여 지은 조선 시대의 얼음 창고로, 석빙고에는 우리 조상들의 슬기가 담겨 있다.

◯ ✕

01 3문단에서 석빙고 바닥 한가운데에 물이 빠져나갈 수 있는 배수로를 만든 것은 얼음에서 녹아 흐른 물이 다른 얼음까지 녹이는 것을 막기 위함이라고 했어요.

(오답 풀이)
① 2문단에서 석빙고는 땅을 파서 반지하에 지었는데, 그 이유는 땅 위보다 지하가 더 온도가 낮기 때문이라고 했어요.
② 2문단에서 더운 바람이 석빙고 안으로 들어가지 못하도록 하기 위해서 문을 작게 만들었다고 했어요.
③, ④ 2문단에서 석빙고의 윗면은 둥글게 만들어서 더운 바람이 둥근 등을 타고 흘러가게 했고, 윗면에 잔디를 심어서 태양열을 막았다고 했어요.

(이럴 땐 이렇게!) 이 글에서는 석빙고의 특징을 먼저 말하고, 바로 다음 문장에서 그런 특징이 왜 나타나는지 설명하고 있어요. 그러니 문제에 나온 석빙고의 특징을 지문에서 찾고 바로 그 뒤에 오는 문장을 살펴보면 답을 금방 찾을 수 있어요.

02 3문단을 보면 더운 공기는 위로 뜬다고 했어요. 그러므로 ㄷ에서는 찬 공기와 더운 공기가 만나지 않아요. ㄷ은 석빙고 바닥의 배수로 부분으로, 여기에서는 얼음이 녹은 물이 빠져나가요.

03 4문단에서 차가운 바람이 석빙고에 닿아야 얼음이 녹지 않도록 보관하는 데 도움이 된다고 했으므로, 겨울바람이 잘 닿는 곳에 석빙고를 짓는 것이 알맞아요.

04 이 글은 조선 시대의 얼음 창고인 석빙고의 제작 원리를 설명한 글로, 석빙고에 담긴 우리 조상들의 슬기를 엿볼 수 있게 해요.

◀ 어휘를 익혀요 ▶

본문 55쪽

01 ❶ ㄴ   ❷ ㄱ   ❸ ㄷ   **02** ❶ 태양열   ❷ 시내   ❸ 슬기   **03** ❶ 저장   ❷ 활용

13 분수와 소수, 무엇을 쓸까

코칭 Tip 이 글은 분수와 소수의 특징과 쓰임에 대해 설명하는 글입니다. 분수와 소수의 개념을 알고, 어떤 상황에서 두 개념을 사용하는지 이해하며 글을 읽을 수 있도록 합니다.

1 수학을 배우면서 알게 되는 개념 중 하나로 <u>분수와 소수</u>가 있다. 그런데 우리는 이 분수와 소수를 일상생활 속에서
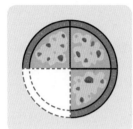
도 쉽게 찾아볼 수 있다. 예를 들어, 평소 우리는 피자를 먹을 때 왼쪽 그림처럼 여러 개로 조각을 낸다. 그렇다면 이 그림과 같은 경우, 피자가 얼마나 남았다고 표현할까? 전체 피자는 모두 네 조각인데 그중에 세 조각이 남았으니 남은 피자는 $\frac{3}{4}$이라고 나타낸다. 이렇게 전체에 대한 부분을 나타낼 때 분수를 사용한다. 그럼 먹은 피자를 분수로 나타내면 무엇일까? 하나의 피자를 똑같이 네 조각으로 나누었으니 <u>분모</u>는 4이고, 먹은 것은 한 조각이니까 <u>분자</u>는 1이다. 따라서 $\frac{1}{4}$로 나타내는데, 이때 <u>분모와 분자</u>

사이의 선을 <u>가로선</u>이라고 한다. 그리고 이 분수는 '사(4)분의 일(1)'이라고 읽는다. 그렇다면 이런 경우는 어떨까? 하나의 큰 롤케이크를 잘라 세 사람이 나누어 먹었다. 한 사람당 케이크의 $\frac{1}{3}$씩 먹은 것은 오른쪽 그림에서 ㄱ일까? ㄴ일까? 답은 ㄱ이다. 분수는 전체를 '<u>똑같은</u>' 크기로 나누었을 때 사용하는 것이기 때문이다.

▶ 전체에 대한 부분을 표현할 때 사용하는 분수

2 한편 소수는 <u>1보다 작은 부분을 나타내는 수</u>이다. 분수는 소수로, 소수는 분수로 바꿀 수 있다. 특히, 분모가 10, 100 등 10의 거듭제곱인 분수는 소수로 표현하기 쉽다. 예를 들어, 분수 $\frac{1}{10}$은 소수 0.1로, 분수 $\frac{20}{100}$은 소수 0.2로 표현한다. 소수에 쓰는 기호 '.'은 '<u>소수점</u>'이라고 한다. 읽을 때에는 '점'이라고 읽어서 '0.1'은 '영 점 일', '0.2'는 '영 점 이'와 같이 읽는다. 1 cm를 10으로 똑같이 나누었을 때, 7 mm는 $\frac{7}{10}$ cm 또는 0.7 cm로 표현할 수 있다. 일반적으로 cm, kg, ℓ와 같은 단위를 쓸 때는 분수보다 소수를 더 많이 사용한다.

▶ 1보다 작은 부분을 나타낼 때 소수점 뒤에 숫자를 적어 표현하는 소수

3 그렇다면 우리는 왜 분수와 소수를 모두 쓰게 된 것일까? 분수는 하나의 대상을 나누었을 때 부분의 값을 표현할 때 유용하다. 하지만 분모가 다른 분수끼리는 <u>서로 크기를 비교하기가 어렵다.</u> 예를 들어, 분모가 다른 분수인 $\frac{7}{10}$과 $\frac{1}{2}$ 중 어느 것이 더 큰 것인지는 한 번에 바로 파악되지 않는다. 그러나 이를 소수로 바꾸어서 각각 0.7과 0.5로 나타내면 그 크기가 바로 비교가 된다. 이처럼 수끼리 크기를 비교할 때는 분수 대신 소수를 사용하는 것이 더 편리하다. 이제 분수와 소수의 특징과 쓰임을 알았으니 일상생활 속에서 적절히 사용해 보자. ▶ 부분의 값을 표현하기 유용한 분수와, 크기를 비교하기 쉬운 소수

❖ 글 내용 한눈에 보기 •••

본문 57쪽

1 분수 **2** 부분 **3** 소수점 **4** 크기

◀ 글을 이해해요 ▶

☑ 자기 평가

본문 58쪽

01 (내용 추론)
④
⭕ ❌

02 (내용 이해)
④
⭕ ❌

03 (내용 추론)
1 $\frac{9}{10}$ **2** 십분의 구
3 0.9 **4** 영 점 구
⭕ ❌

04 (중심 내용 쓰기)
분수는 <u>전체에 대한 부분</u>을 나타낼 때, 소수는 1보다 작은 부분을 나타낼 때 쓰며, 각각의 특징에 따라 쓰임이 서로 다르다.
⭕ ❌

01 1문단에서 $\frac{1}{4}$을 '사분의 일'이라고 읽는 것으로 볼 때, $\frac{2}{7}$는 '칠분의 이'로 읽는 것이 맞아요.

(오답 풀이)

① $\frac{2}{7}$는 전체가 1인 어떤 대상을 7개로 나누었을 때, 그중 2개를 나타낸 것과 같으므로 1보다 작아요.
②, ③, ⑤ 1문단에서 분수는 가로선으로 나뉘어 있으며 이를 기준으로 위에 있는 수가 분자, 밑에 있는 수가 분모라고 했어요.

(이럴 땐 이렇게!) 잘 모르겠다면 글에 제시된 예시에 문제의 수를 적용해 봐요. 피자를 예로 생각하면, 전체 피자를 7조각으로 나누었을 때 그중 두 조각을 $\frac{2}{7}$라고 표현할 수 있겠죠? 전체 피자를 1이라고 한다면, $\frac{2}{7}$는 1보다 작을 거예요.

02 3문단에서 분수를 사용하면 분모가 다른 분수끼리는 크기를 비교하기 어렵다고 하면서, 수의 크기를 비교할 때는 소수를 사용하는 것이 더 좋다고 했어요.

03 그림을 보면 전체를 똑같이 10칸으로 나눈 것 중 9칸이 색칠되어 있어요. 그러니 이것을 분수로 나타내면 $\frac{9}{10}$이고, 소수로 표현하면 0.9예요.

04 이 글은 분수와 소수의 개념과 특징을 설명하고, 그 특징에 따라 분수와 소수가 각각 어떻게 쓰임이 다른지 제시하고 있어요.

◀ 어휘를 익혀요 ▶

본문 59쪽

01 1 ㄷ **2** ㄴ **3** ㄱ **02 1** 유용 **2** 소수점 **3** 분수 **03 1** 비교 **2** 편리

14 금성, 어디까지 알고 있니

> **코칭 Tip** 이 글은 태양계의 두 번째 행성인 금성의 다양한 특징에 대해 설명하는 글입니다. 각 문단에서 금성의 어떤 특징을 설명하는지 파악하며 글을 읽을 수 있도록 합니다.

1 해가 진 후의 서쪽 하늘이나 해가 떠오른 동쪽 하늘에서 밝게 빛나는 별을 본 적이 있는가? 유난히 반짝이고 있는 그 별이 바로 태양계의 두 번째 행성인 금성이다. 금성은 아침에는 동쪽 하늘에서 밝게 빛나고, 저녁에는 서쪽 하늘에서 밝게 빛난다. 그래서 옛날 사람들도 금성이 하늘에 존재한다는 것을 알았다고 한다. 그렇다면 지금부터 금성에 대한 몇 가지 사실을 알아보자. ▶ 태양계의 두 번째 행성인 금성

2 금성은 우리가 살고 있는 지구와 가장 가까이 있는 행성이다. 태양계를 보면 태양으로부터 수성, 금성, 지구, 화성 순서로 멀리 떨어져 있어 금성은 수성과 지구 사이에 위치한다. 금성이 지구와 가장 가까울 때는 약 4,100만 km 정도 떨어진 곳에 존재한다. 화성이 지구와 가장 가까울 때 약 6,000만 km 떨어져 있다고 하니, 화성보다 금성이 지구에 더 가까이 있는 것이다. 또한 금성과 지구는 크기도 비슷해서 우주에서 볼 때 마치 쌍둥이별처럼 보이기도 한다. ▶ 지구와 가장 가까이 있는 행성인 금성

3 금성은 이름이 여러 가지이다. 서양에서 금성은 사랑과 아름다움의 여신인 '비너스'라는 이름으로 불렸다. 우리나라에서는 저녁에 보이는 금성과 새벽에 보이는 금성을 다른 이름으로 구분하여 불렀다. 보통 해가 진 후 저녁 무렵에 서쪽 하늘에서 빛나는 금성은 '개밥바라기'로 불렸다. 이는 '개의 밥을 담는 그릇'이라는 뜻으로 개가 저녁밥을 기다리는 시간에 뜨는 별이라는 의미를 지닌다. 그리고 새벽녘 동쪽 하늘에서 밝게 빛나는 금성은 '새벽의 별'이라는 뜻의 '샛별'이라고 불렸다. ▶ 여러 가지 이름으로 불린 금성

4 금성은 표면이 매우 뜨겁다. 금성은 태양과 가까워서 지구보다 더 많은 양의 햇빛을 받기 때문이다. 1989년 미국에서 쏘아 올린 우주선 마젤란호는 온통 이산화 탄소 구름으로 덮여 있는 금성의 표면을 정밀 촬영하였다. 태양열은 금성의 표면을 뜨겁게 달구고, 공기 중의 이산화 탄소는 열을 가두어서 빠져나가지 못하게 한다. 이로 인하여 금성의 표면 온도는 462 ℃까지 올라간다. ▶ 표면이 매우 뜨거운 금성

5 금성에는 생명체가 살 가능성이 매우 낮다. 앞서 말한 것처럼 금성은 표면이 매우 뜨거울 뿐 아니라 대기가 이산화 탄소로 가득 차 있기 때문이다. 또한 액체 상태의 물도 없어서 생명체가 살 수 없다. 지구와 거리도 가깝고 크기도 비슷한 금성이 하늘에서 빛나는 것을 본 옛날 사람들은 금성에 많은 관심을 가졌다. 어떤 사람들은 '혹시 금성에 외계인이 살고 있는 것은 아닐까?'라고 생각하기도 했다. 그러나 탐사 결과 금성은 생명체가 살 가능성이 매우 낮은 행성임이 밝혀졌다. ▶ 생명체가 살 가능성이 매우 낮은 금성

≫ 글 내용 한눈에 보기 •••

본문 61쪽

1 금성   **2** 지구   **3** 이름   **4** 표면   **5** 생명체

◀ 글을 이해해요 ▶

✓ 자기 평가

본문 62쪽

01 (내용 이해)
    ①

〇 ✕

02 (내용 이해)
  1 ㄴ   **2** ㄱ   **3** ㄷ

〇 ✕

03 (내용 추론)
  1 표면이 매우 뜨겁고
  2 액체 상태의 물이 없음

〇 ✕

04 (중심 내용 쓰기)
  금성은 <u>지구와 가장 가까이 있고</u>, 다양한 이름으로 불리며, 표면이 매우 뜨겁고, 생명체가 살 가능성이 매우 낮다는 특징을 지니고 있다.

〇 ✕

01 서양에서 금성을 사랑과 아름다움의 여신인 '비너스'의 이름을 따서 부르기는 했지만, 그것만으로 금성이 태양계에서 가장 아름다운 행성인지는 알 수 없어요.

(오답 풀이)
② 1, 3문단에서 금성은 해가 진 후의 저녁과 해가 뜨는 새벽녘에 밝게 빛난다고 했어요.
③, ⑤ 2문단에서 금성은 지구와 가장 가까이 있는 행성이며, 지구와 크기가 비슷해서 우주에서 볼 때 마치 쌍둥이별처럼 보인다고 했어요.
④ 4문단에서 금성의 표면은 매우 뜨거운데, 이는 공기 중의 이산화 탄소가 태양열을 가두어서 못 빠져나가게 하기 때문이라고 했어요.

02 금성을 일컫는 다양한 이름과 각 이름이 지닌 의미는 3문단에 나와 있어요. '샛별'은 말 그대로 '새벽의 별'이라는 의미이고, '비너스'는 사랑과 아름다움의 여신의 이름에서 따온 것이에요. 그리고 '개밥바라기'는 '개의 밥을 담는 그릇'이라는 뜻으로 개가 저녁밥을 기다리는 시간에 뜨는 별이라는 의미예요.

03 금성에 생명체가 살 수 없는 이유는 5문단을 통해 알 수 있어요. 금성은 대기 중 이산화 탄소의 영향으로 표면이 매우 뜨겁고, 액체 상태의 물이 없어서 생명체가 살 가능성이 매우 낮아요.

04 이 글은 태양계의 두 번째 행성인 금성의 네 가지 특징을 소개하고 있어요.

(이럴 땐 이렇게!) 2~5문단에서 금성의 특징을 설명하고 있으니, 밑줄 친 부분에는 2문단에서 설명하는 금성의 특징이 들어가야 해요.

◀ 어휘를 익혀요 ▶

본문 63쪽

01 **1** ㄱ **2** ㄷ **3** ㄴ   **02** **1** 표면 **2** 정밀 **3** 태양계   **03** **1** 가능성 **2** 행성

15 수화로 숫자 표현하기

> **코칭 Tip** 이 글은 수화의 의미와 수화로 숫자를 표현하는 방법에 대해 설명하는 글입니다. 1부터 10까지의 숫자를 표현하는 방법을 파악하고, 이러한 간단한 수화를 배우는 것이 어떤 의미를 지니는지 이해하며 글을 읽을 수 있도록 합니다.

1 '수화'는 손의 움직임을 포함한 신체적 신호를 이용하여 의사를 전달하는 시각 언어로, '수화 언어' 또는 '수어'라고
도 한다. 수화는 손과 손가락의 모양과 위치, 방향, 그리고 표정과 입술의 움직임 등을 종합하여 의미를 나타낸다. 수화
는 보통 청각 장애가 있어 소리를 듣지 못하는 사람들이 사용한다. 또한 소리를 들을 수 있는 사람들이 청각 장애인과
소통을 하기 위해 수화를 배워서 사용하기도 한다. 수화를 배운다는 것은 영어, 중국어를 배우는 것처럼 새로운 언어를
배우면서 청각 장애인에 대한 이해를 넓히는 기회이기도 하다. ▶ 수화의 개념과 사용자

2 수화 중 가장 기본적인 것으로 숫자를 표현하는 방법에 대해 알아보면 다음과 같다. 우선 숫자 수화를 쉽게 배우기
위해서는 손가락에 순번을 정해야 한다. 『두 번째 손가락을 1지라 부르고 그다음부터 순서대로 번호를 붙이면, 가운데인
세 번째 손가락이 2지, 네 번째 손가락이 3지, 새끼손가락이 4지가 된다. 그리고 마지막으로 엄지손가락이 5지가 된다.』
▶ 숫자 수화 표현을 위해 손가락에 정하는 순번

3 숫자 1은 1지만을 편 상태를 말한다. 즉, 주먹을 쥔 상태에서 두 번째 손가락만 펴 주면 1이 된다. 숫자 2는 1지와
2지를 함께 편 상태를 말한다. 이렇게 1지를 편 채로 4지까지 하나씩 펴 나가면 4까지 표현할 수 있다. 그럼 숫자 5는
어떻게 표현할까? 다섯 개의 손가락을 모두 펴면 5일까? 아니다. 다른 네 개의 손가락은 모두 접은 채로 엄지손가락만
펴는 것이 5이다. 6부터 9는 엄지손가락을 편 채로 1지부터 4지까지 하나씩 펴 주면 된다. 즉, 엄지손가락과 두 번째
손가락을 편 상태가 6이고, 손가락을 다 편 상태는 9가 되는 것이다. 마지막으로 10은 두 번째 손가락을 완전히 접지
않고 살짝 구부려서 표현한다. ▶ 수화로 숫자 1~10을 표현하는 방법

4 2016년 2월 3일 한국 수화 언어법이 제정되면서 청각 장애인의 한국 수어가 국어와 동등한 언어임을 인정받게 되
었다. 이를 기념하고 사람들에게 널리 알리기 위해 매년 2월 3일이 한국 수어의 날로 정해졌다. 이렇게 한국 수어의 위
상이 높아진 상황에서 우리도 숫자를 비롯하여 인사나 안부를 묻는 것과 같은 간단한 수화를 배워 보는 것은 어떨까?
이를 통해 청각 장애인을 이해하고 차별 없이 존중하는 자세를 갖는 데 한 발 더 다가갈 수 있을 것이다.
▶ 한국 수어의 높아진 위상과 간단한 수화를 배우면 좋은 이유

≫ 글 내용 한눈에 보기 •••

본문 65쪽

1 수화 **2** 순번 **3** 엄지손가락 **4** 차별

◀ 글을 이해해요 ▶

☑ 자기 평가

본문 66쪽

01 (내용 이해)
1 ◯   **2** ◯   **3** ✕

◯ ✕

02 (내용 추론)
①

◯ ✕

03 (내용 이해)
1 7   **2** 9   **3** 10

◯ ✕

04 (중심 내용 쓰기)
　숫자 수화는 순번이 정해진 손가락을 펴거나 구부려서 표현하는데, 이러한 간단한 수화를 배움으로써 청각 장애인을 이해하고 <u>차별 없이 존중하는</u> 자세를 가질 수 있다.

◯ ✕

01 **1** 1문단에서 수화는 손과 손가락의 모양, 위치, 방향, 그리고 표정과 입술의 움직임 등을 종합하여 의미를 나타낸다고 했어요.
2 1문단에서 수화를 배운다는 것은 영어, 중국어를 배우는 것처럼 새로운 언어를 배우면서 청각 장애인에 대한 이해를 넓히는 기회이기도 하다고 했어요.
3 1문단에서 수화는 청각 장애인뿐 아니라, 청각 장애가 없는 사람들 중에서 청각 장애인과 소통하고자 하는 사람들도 사용한다고 했어요.

02 수화로 숫자를 표현하는 방법은 3문단에 나와 있어요. 3문단에서 숫자 5를 나타내려면 다른 네 개의 손가락은 모두 접은 채로 엄지손가락, 즉 5지만 펴야 한다고 했어요. 다섯 개의 손가락을 모두 편 것은 9를 뜻해요.

(오답풀이)
② 1지, 즉 두 번째 손가락만 쭉 펴면 1을 나타내요.
③, ⑤ 1지를 편 채로 2지부터 4지까지 펴 나가면 2, 3, 4를 나타내요.
④ 엄지손가락을 편 채로 1지를 펴면 6을 나타내요.

03 **1**, **2** 엄지손가락을 편 채로 1지부터 4지까지 펴 나가면 6부터 9를 나타내므로, 엄지손가락과 1지, 2지를 편 것은 7을 나타내고, 엄지손가락과 1지~4지를 모두 편 것은 9를 나타내요.
3 두 번째 손가락을 살짝 구부린 것은 10을 나타내요.

04 이 글은 수화로 숫자를 표현하는 방법에 대해 설명하고, 간단한 수화를 배우는 것이 청각 장애인을 더 존중하고 이해하게 되는 계기가 될 수 있음을 강조하고 있어요.

◀ 어휘를 익혀요 ▶

본문 67쪽

01 **1** ㄴ **2** ㄷ **3** ㄱ   **02** **1** 동등 **2** 존중 **3** 제정   **03** **1** 종합 **2** 장애 **3** 위상

16 편두통의 원인과 예방법

본문 68~69쪽

코칭 Tip 이 글은 편두통의 원인과 예방법에 대한 의사와의 면담입니다. 전문가가 말하는 편두통의 원인과 예방법이 무엇인지 파악하며 글을 읽을 수 있도록 합니다.

1 사회자: 여러분 안녕하십니까? 오늘은 ○○ 병원 이민수 박사님과 편두통에 대해 알아보겠습니다. 박사님, 편두통
　　　　　　　　　　　　　　　　　　　　　인사 및 면담 주제 소개　　　　　중심 소재
이 무엇입니까?

이 박사: 편두통은 한쪽 머리만 심하게 아픈 증상을 말합니다. 주로 주기적으로 발생하는데 갑자기 일어나기도 합니다.
　　　　　　　　편두통의 개념

사회자: 그렇다면 편두통의 원인은 무엇일까요?

이 박사: 음… 의학적인 여러 가설이나 이론을 통해 편두통의 원인이 제기되고 있지만, 정확한 원인이라 할 만한 것은
아직 없습니다.　　　　　　　　　　편두통의 정확한 원인은 아직 밝혀진 바 없음　　　　　　　　　　　▶ 편두통의 개념

2 사회자: 편두통의 원인이 정확하게는 알려져 있지 않다는 말씀이군요? 그렇다 하더라도 보통 어떤 경우에 편두통
이 생깁니까?

이 박사: 편두통은 스트레스를 심하게 받거나 수면 시간이 부족한 경우, 격렬한 운동이나 불규칙한 생활을 하는 경우에
　　　　　　　　　　　　　　　　　편두통이 발생할 수 있는 경우 ①
생길 수 있습니다. 심지어 사람에 따라서는 밝은 빛이나 날씨의 변화, 높은 장소 때문에 편두통이 생기기도 하지요.
　　　　　　　　　　　　　　　　편두통이 발생할 수 있는 경우 ②

사회자: 편두통이 생기는 경우가 참 다양하군요. 박사님, 학생들 중에 두통을 겪는 학생들이 있어서요. 잠시 질문을 받
아 보겠습니다. 질문이 있는 학생은 질문하세요.　　　　　　　　　　　　　　　　▶ 편두통이 생길 수 있는 다양한 경우

3 학생: 박사님, 저는 시험이 있거나 스트레스를 받을 때 머리가 많이 아픕니다. 이
　　　　　　　　　　　　긴장감을 발생시키는 상황
것도 편두통이라고 할 수 있습니까?

이 박사: 자세한 건 진단해 봐야 알겠지만, 아마도 그건 긴장에 의한 두통일 거예요. 편
두통과는 조금 다른데, 학생들이 많이 겪는 두통이지요.

학생: 한 가지만 더 질문하겠습니다. 전에 튀긴 음식을 먹었다가 한쪽 머리가 몹시 아팠
던 적이 있었습니다. 음식에 의해서도 편두통이 생길 수 있습니까?

이 박사: 그럼요. 튀긴 음식과 같이 기름이 많은 음식은 물론이고 적포도주나 여러분들
　　　　　　　　　　　편두통을 유발할 수 있는 음식들
이 좋아하는 초콜릿, 치즈, 감귤류 등도 편두통을 유발합니다.

사회자: 그런 음식들이 편두통과 관련이 있다는 것이 놀랍습니다.　　　　▶ 긴장에 의한 두통과 음식에 의해 유발되는 편두통

4 이 박사: 편두통 환자 대부분은 그 고통 때문에 일상생활을 하는 데도 많은 지장을 받고 있습니다. 그래서 치료와
　　　　　　　　　　　　　　　　　　편두통의 치료와 예방이 중요한 까닭
예방을 잘해야 합니다.

사회자: 그렇군요. 박사님, 편두통을 예방하기 위한 방법에는 무엇이 있을까요?

이 박사: 먼저 일상생활에서 받는 스트레스를 줄여야 합니다. 그리고 부족한 수면 시간을 늘리거나 적절한 운동을 하는
　　　　　　　　　　　　　편두통 예방법 ①　　　　　　　　　　　　　　　　　　　　　　　편두통 예방법 ②
것도 도움이 됩니다. 무엇보다 스스로 편두통을 언제 겪는지를 알고 대비하는 것이 중요하지요.
　　　　　　　　　　　　　　　　　　　　편두통 예방법 ③

사회자: 그렇군요. 박사님, 오늘 좋은 말씀 감사합니다.　　　　　　　　　　　　　　　　▶ 편두통을 예방하는 방법

❯❯ 글 내용 한눈에 보기 ●●●

본문 69쪽

1 편두통   **2** 스트레스   **3** 기름   **4** 운동

◀ 글을 이해해요 ▶

☑ 자기 평가

본문 70쪽

01 (내용 이해)
④

◯ ✕

02 (내용 이해)
④

◯ ✕

03 (내용 추론)
③

◯ ✕

04 (중심 내용 쓰기)
　　편두통이란 <u>한쪽 머리만 심하게 아픈</u> 증상으로, 다양한 이유에 의해 유발되며 고통으로 인해 생활에 지장을 받을 수 있으므로 예방하고 치료해야 한다.

◯ ✕

01 1문단에서 편두통의 원인이 무엇인지 묻는 사회자의 질문에, 이 박사는 의학적으로 편두통의 정확한 원인이라 할 만한 것은 아직 없다고 했어요.

(오답 풀이)
① 1문단에서 편두통은 갑자기 일어나기도 하지만 주로 주기적으로 발생한다고 했어요.
② 3문단에서 편두통은 튀긴 음식과 같은 기름이 많은 음식, 적포도주, 초콜릿, 치즈, 감귤류 등에 의해서 유발될 수 있다고 했어요.
③ 2문단에서 편두통은 스트레스를 심하게 받을 경우에 생길 수 있다고 했어요.
⑤ 2문단에서 편두통은 사람에 따라서는 밝은 빛 때문에 생기기도 한다고 했어요.

02 4문단에서 이 박사는 편두통 환자 대부분이 그 고통 때문에 일상생활을 하는 데 많은 지장을 받으므로 치료와 예방을 잘해야 한다고 했어요.

03 편두통은 심한 스트레스나 부족한 수면 시간, 그리고 격렬한 운동이나 불규칙한 생활 등에 의해 생길 수 있다고 했어요. 따라서 매일 격렬한 운동을 하면 편두통이 더 심해질 수 있어요.

(이럴 땐 이렇게!) 편두통이 어떤 경우에 생기는지를 먼저 파악하면, 편두통을 극복하기 위해 어떻게 해야 할지 알 수 있어요.

04 이 글은 편두통의 개념과 편두통이 유발될 수 있는 다양한 경우를 제시하고, 편두통을 예방할 수 있는 방법에 대해 설명하고 있어요.

◀ 어휘를 익혀요 ▶

본문 71쪽

01 **1** ㄱ   **2** ㄷ   **3** ㄴ   **02** **1** 가설   **2** 불규칙   **3** 주기적   **03** **1** 유발   **2** 격렬

17 위대한 과학자, 마리 퀴리

본문 72~73쪽

코칭 Tip 이 글은 위대한 업적을 이룬 과학자 마리 퀴리의 삶을 담은 전기문입니다. 마리 퀴리의 연구와 죽음 사이에 어떤 관련이 있는지 파악하며 글을 읽을 수 있도록 합니다.

1 '퀴리 부인'으로 불리기도 하는 '마리 퀴리'는 세계에서 가장 유명한 과학자 중 한 사람이다. 마리 퀴리는 뛰어난 과
　　　　　　　　　　　　　중심 소재
학적 업적을 이뤄 노벨상을 두 번이나 받았다. 평생 인내하며 성실하게 연구했기 때문이다. 하지만 바로 그 연구 때문
에 마리 퀴리는 죽음에 이르게 되었다. 도대체 어떤 연구이기에 목숨이 위험한데도 마리 퀴리는 연구를 멈추지 않았을
　　　　　　　　　　　　　　　　질문을 던져 독자의 호기심을 유발함
까?
　　　　　　　　　　　　　　　　　　　　　　　　　　　　　▶ 뛰어난 과학자인 마리 퀴리에 대한 소개

2 1867년, 폴란드 바르샤바에서 태어난 마리 퀴리는 자라서 프랑스의 소르본 대학에서 물리학과 수학을 공부했다.
당시는 물리학자 뢴트겐이 사람의 뼈를 투시할 수 있는 엑스선을 발견하고, 또 다른 물리학자 베크렐도 우라늄에서 엑
스선과 또 다른 방사선이 나온다는 것을 알아낸 때이다. 마리 퀴리는 이 발견에 흥미를 느꼈다. 그래서 남편 피에르 퀴
리와 함께 초라한 실험실에서 방사선을 내는 물질을 연구하기 시작했다. 마침내 1897년, 퀴리 부부는 우라늄 광석에서
방사선을 내는 물질인 폴로늄과 라듐을 발견하고, 순수한 라듐도 추출해 냈다. 그리고 그 공로로 두 사람은 1903년에
　　　　　　　퀴리 부부가 노벨 물리학상을 받게 만든 연구　　　　　　　　　　　　　　　　　　　마리 퀴리의 업적 ①
노벨 물리학상을 받았다.
　　　　　　　　　　　　　　　　　　　　　　　▶ 폴로늄과 라듐 연구로 노벨 물리학상을 받은 퀴리 부부

3 라듐을 연구하여 얻은 성과가 모두를 위해 쓰여야 한다고 생각한 퀴리 부부는 연구 결과를 공개하고 어떤 경제적
　　　　　　　　　　　　　　　　　　　　　　　　　　　마리 퀴리의 연구는 개인적 이익을 취하기 위함이 아니었음
이익도 얻지 않았다. 마리 퀴리는 연구를 계속해서 1911년에 라듐을 연구한 업적으로 노벨 화학상을 받았다. 그러다가
　　　　　　　　　　　　　　　　　　　　　　　마리 퀴리의 업적 ②
1914년에 제1차 세계 대전이 일어나자, 마리 퀴리는 방사선 촬영 장치가 달린 차를 직접 개발하여 전쟁터로 달려갔다.
그리고 방사선으로 병사들이 다친 곳을 알아내어 많은 병사들의 목숨을 구했다. 하지만 자신은 자주 어지럽고 눈이 나
　　　　　　　　　　　마리 퀴리의 업적 ③
빠지는 등 원인 모를 고통에 시달렸는데, 마리 퀴리는 자신의 병이 방사선 때문이라고 짐작했다.
　　　　　　　　　　　　　　　　　　▶ 라듐 연구로 노벨 화학상을 받았지만 방사선 때문에 병에 걸린 마리 퀴리

4 라듐과 폴로늄은 강력한 방사능을 가진 아주 위험한 물질이다. 하지만 마리
퀴리는 수십 년간 아무런 보호 장비 없이 방사능 연구를 하면서 방사선에 그대로
노출되었다. 게다가 전쟁터에서 방사선 촬영을 하느라 방사선을 계속 쬐었다. 방
사선은 우리 몸의 세포를 파괴하고 유전자도 변형한다. 마리 퀴리도 방사선 때문
　　　　　　　　　　방사선이 위험한 이유
에 여러 병에 걸렸지만 1934년에 죽을 때까지 방사능 연구를 멈추지 않았다. 그
　　　　　　　　　　　　　　　　　헌신적인 태도로 연구에 임한 마리 퀴리
만큼 마리 퀴리는 방사능 연구를 사랑했던 것이다. 그녀를 죽음에 이르게 한
방사능에 대한 연구는 마리 퀴리의 삶 자체였고, 마리 퀴리에게는 위험을 무
　　　　　　　　　　　　　　　　마리 퀴리의 삶에서 방사능 연구가 갖는 의미
릅쓸 가치가 있는 일이었다.
　　　　　　　　　　　▶ 위험을 무릅쓰고 죽을 때까지 방사능 연구를 계속한 마리 퀴리

글 내용 한눈에 보기 •••

본문 73쪽

1 폴란드 **2** 물리학 **3** 라듐 **4** 화학상 **5** 방사선

글을 이해해요

☑ 자기 평가

본문 74쪽

01 (내용 이해)
1 ㄷ   **2** ㄴ   **3** ㄱ

○ ✕

02 (내용 이해)
①

○ ✕

03 (내용 추론)
②

○ ✕

04 (중심 내용 쓰기)
　　마리 퀴리는 죽을 때까지 <u>방사능 연구를 계속하며</u> 많은 과학적 업적을 이룬 위대한 과학자이다.

○ ✕

01 **1** 3문단에서 마리 퀴리는 방사선 촬영 장치가 달린 차를 직접 개발하여 전쟁터로 가서 다친 병사들의 목숨을 구했다고 했어요.
2 4문단에서 마리 퀴리가 죽을 때까지 방사능 연구를 계속한 이유는 그 연구가 그녀에게 위험을 무릅쓸 가치가 있는 일이었기 때문이라고 했어요.
3 3문단에서 마리 퀴리는 라듐 연구 성과가 모두를 위해 쓰여야 한다고 생각해서 연구 결과를 공개했다고 했어요.

02 2문단을 보면 엑스선을 발견한 사람은 뢴트겐이라는 물리학자이지, 마리 퀴리가 아니라는 것을 알 수 있어요.

(오답풀이)
② 3문단에서 마리 퀴리가 라듐을 연구한 업적으로 노벨 화학상을 받았다고 했어요.
③, ④, ⑤ 2문단에서 퀴리 부부는 폴로늄과 라듐을 발견하고, 순수한 라듐을 추출해 내었으며 이 공로로 노벨 물리학상을 받았다고 했어요.

03 3문단에서 마리 퀴리는 자신이 병에 걸린 이유가 방사선 때문이라고 짐작했다고 했어요.

(오답풀이)
① 2~3문단을 통해 마리 퀴리가 폴로늄과 라듐 발견 및 라듐 연구 등으로 뛰어난 성과를 남겼음을 알 수 있어요.
③ 2문단을 통해 방사선을 내는 물질인 폴로늄과 라듐은 우라늄 광석으로부터 발견해 낸 것임을 알 수 있어요.
④ 4문단을 통해 방사능에 그대로 노출되면 위험하므로 보호 장비를 갖춰야 함을 알 수 있어요.
⑤ 3문단을 통해 방사선은 다친 병사들의 목숨을 구하기도 했지만, 마리 퀴리가 병에 걸리게도 했음을 알 수 있어요.

04 이 글은 방사능 연구를 통해 뛰어난 과학적 업적을 이룬 과학자 마리 퀴리의 삶에 대한 글이에요.

어휘를 익혀요

본문 75쪽

01 1 ○ **2** ○ **3** ✕   **02 1** 노출 **2** 변형 **3** 추출   **03 1** 공로 **2** 인내 **3** 공개

숨 쉴 수 있는 이유

코칭Tip 이 글은 대기권의 의미와 역할에 대해 설명하는 글입니다. 대기권이 어떤 층으로 구분되며, 각 권의 특징은 어떠한지를 파악하며 글을 읽을 수 있도록 합니다.

❶ 우리가 편안하게 숨을 쉴 수 있는 이유는 공기 중에 산소가 적절하게 섞여 있기 때문이다. 공기 중에는 산소 말고도 질소, 이산화 탄소 등 다양한 기체가 섞여 있다. 이렇게 『지구는 다양한 기체에 둘러싸여 있는데, 이러한 기체를 대기라고 부른다. 대기의 범위는 대기권이라고 부르는데, 땅 위에서부터 약 1,000 km까지이다. 대기권은 온도에 따라 밑에서부터 대류권, 성층권, 중간권, 열권으로 나뉘는데, 각 권과 권 사이를 계면이라고 부른다.

❷ 먼저 대류권부터 알아보자. 대기권의 가장 아래에 있는 대류권은 대류 현상, 즉 기체나 액체에서 물질이 이동하면서 열이 전달되는 현상이 일어나는 층이다. 대류 현상에 의해 공기가 활발히 움직이면 기상 현상이 생긴다. 대류권에서는 태양 빛이 땅에 반사되어 그 열이 골고루 퍼져서 지표면은 공기가 따뜻하지만 위로 올라갈수록 기온이 내려간다. 대류권 다음은 성층권으로 이 둘의 경계면을 대류권 계면이라고 하는데, 평균적으로 약 12 km 높이이다. 대류권 계면에서부터 약 50 km까지가 성층권이다. 여기는 대기가 안정적이어서 기상 현상이 안 나타나며 온도도 거의 일정하거나 서서히 올라간다. 성층권의 가장 큰 특징은 오존층이 존재한다는 것이다. 오존층은 태양 빛의 강력한 자외선을 막아 주는 역할을 한다. 자외선은 지구에 사는 생물에게 해를 입히는 광선인데 오존층에서 거의 흡수된다.

❸ 성층권과 중간권 사이에는 성층권 계면이 있고 여기서부터 80 km까지를 중간권이라고 한다. 중간권은 다시 위로 올라갈수록 기온이 낮아지는 층이다. 중간권에서는 유성과 야광운이 나타난다. 유성은 지구 밖의 물질이 대기 중으로 들어오면서 불타 없어지는 것을 말하는데, 다 타지 않고 땅으로 떨어지면 운석이라고 부른다. 야광운은 남극이나 북극과 가까운 지방에서 해가 뜰 때나 질 때 볼 수 있는 털 모양의 은색 구름을 말한다. 마지막으로 중간권과 열권의 경계면인 중간권 계면부터 약 500 km까지를 이르는 열권이 있다. 열권에서는 오로라 현상이 나타난다. 열권의 아래쪽에는 전리층이라는 곳이 있어서 전파를 반사하여 원거리 통신을 가능하게 해 준다. 또 열권은 공기가 거의 없고 태양 빛을 직접 받기 때문에 위로 올라갈수록 기온이 높아진다.

❹ 지금까지 대기권의 네 가지 층을 차례로 살펴보았다. 그렇다면 대기권은 생물이 숨을 쉴 수 있게 하는 것 말고 또 어떤 역할을 하고 있을까? 대기권은 지구의 보호막 역할을 한다. 우주로부터 들어오는 유해 물질인 자외선을 흡수하고, 운석을 태워 없앤다. 『또 대기는 태양 빛은 받아들이고 열은 내보내지 않는 온실과 같은 역할을 해서 일교차를 줄인다. 대기가 순환하면서 지구 전체의 온도 차이를 줄이기도 한다.』 이렇게 대기권은 사람을 비롯한 생명이 숨을 쉬게 해 줄 뿐만 아니라 살아가기에 적절한 환경을 만들어 준다.

❯❯ 글 내용 한눈에 보기 •••

본문 77쪽

1 열권   **2** 야광운   **3** 오존층   **4** 기상

◀ 글을 이해해요 ▶

✔ 자기 평가

본문 78쪽

01 (내용 이해)
③

◯ ✕

02 (내용 추론)
①

◯ ✕

03 (내용 추론)
②

◯ ✕

04 (중심 내용 쓰기)
　대기권은 온도에 따라 <u>대류권, 성층권, 중간권, 열권</u>으로 나뉘며, 생명이 숨을 쉬고 살아갈 수 있도록 다양한 역할을 한다.

◯ ✕

01 2~3문단의 내용으로 볼 때, 대기권에서 기상 현상이 일어나는 층은 대류권뿐이에요. 2문단에서 대류권은 대류 현상에 의해 기상 현상이 생긴다고 했어요.

(오답 풀이)
① 3문단에서 열권은 공기가 거의 없고 태양 빛을 직접 받기 때문에 위로 올라갈수록 기온이 높아진다고 했어요.
②, ④ 1문단에서 대기권은 땅 위에서부터 약 1,000 km까지이며, 온도에 따라 밑에서부터 대류권, 성층권, 중간권, 열권으로 나뉜다고 했어요.
⑤ 2문단을 보면 대류권에서는 위로 올라갈수록 기온이 내려간다고 했고, 3문단에서 중간권도 위로 올라갈수록 기온이 낮아지는 층이라고 했어요.

(이럴땐 이렇게!) 정보를 외울 때에는 그 정보가 있는 곳에 메모를 하거나 직접 도식을 그려 보는 것도 좋아요.

02 대기권의 네 가지 층 중에서 생물이 살아가는 곳은 가장 아래쪽인 대류권이에요.

(오답 풀이)
②, ④ 4문단에서 대기권은 우주로부터 들어오는 유해 물질인 자외선을 흡수하고, 운석을 태워 없앤다고 했어요.
③, ⑤ 4문단에서 대기는 열을 내보내지 않아 일교차를 줄이고, 대기가 순환하면서 지구 전체의 온도 차이를 줄이기도 한다고 했어요.

03 1문단에서 우리가 편안하게 숨을 쉴 수 있는 이유는 공기, 즉 대기 중에 산소가 적절히 섞여 있기 때문이라고 했어요.

04 이 글은 대기권의 네 가지 층과 각 층의 특징, 그리고 대기권의 다양한 역할에 대해 설명한 글이에요.

◀ 어휘를 익혀요 ▶

본문 79쪽

01 **1** ㄷ   **2** ㄴ   **3** ㄱ   **02** **1** 원거리   **2** 유해   **3** 안정적   **03** **1** 흡수   **2** 반사   **3** 일정

19 세시 풍속이 궁금해

본문 80~81쪽

> 코칭Tip 이 글은 세시 풍속의 개념과 우리나라의 대표적인 세시 풍속에 대해 설명하는 글입니다. 어떤 날에 무슨 음식을 먹고 어떤 놀이를 하는지 파악하며 글을 읽을 수 있도록 합니다.

1 우리는 해마다 어떤 날짜가 되면 습관처럼 하는 일이 있다. 그 날짜에는 꼭 어떤 음식을 먹거나, 어떤 놀이를 하기도 한다. 이렇게 한 해의 절기나 달, 계절에 따라 민간에서 전하여 온 풍속을 세시 풍속이라고 한다. 대표적인 세시 풍속
세시 풍속의 개념   중심 소재
에는 어떤 것들이 있는지 살펴보자.   ▶ 세시 풍속의 개념

2 음력 1월 1일 설날에는 야광귀를 쫓는 세시 풍속이 있다. 야광귀라는 귀신은 사람의 신발을 좋아해 밤에 신발을 훔
세시 풍속 ①: 설날의 야광귀 쫓기
치러 돌아다닌다. 신발을 잃어버린 사람은 일 년 동안 안 좋은 일이 생긴다고 하니, 아무리 피곤하고 바빠도 신발을 지
켜야 한다. 야광귀에게 신발을 빼앗기지 않으려면 신발을 숨겨 놓거나 뒤집어 놓으면 된다. 또 문에는 체를 걸어 놓는
안 좋은 일을 당하지 않기 위해서
다. 야광귀가 체에 뚫린 구멍의 수를 세다가 밤을 홀딱 새고 돌아가기 때문이다. ▶ 야광귀를 쫓기 위해 문에 체를 걸어 놓았던 설날의 세시 풍속
야광귀를 쫓기 위한 방법

3 음력 5월 5일 단오에는 창포물에 머리를 감고, 씨름을 한다. 단오는 모내기를 마치고 농사가 잘되기를 기원하며
세시 풍속 ②: 단오의 창포물에 머리 감기, 씨름하기   단오의 의미
제사를 지내는 날이다. 이날 여자들은 창포라는 풀을 삶은 물로 머리를 감았다. 그렇게 하면 머리카락이 잘 안 빠지고
윤기가 생기며 귀신도 물리칠 수 있다고 믿었기 때문이다. 남자들은 모래밭이나 잔디밭에서 씨름을 하면서 서로 힘을
창포물에 머리를 감은 이유
겨뤘다.   ▶ 여자는 창포물에 머리를 감고 남자는 씨름을 하던 단오의 세시 풍속

4 음력 8월 15일 추석에는 강강술래를 한다. 이는 조선 시대의 이순신 장군이 땅끝 마을 해남에 있었을 때의 일과 관
세시 풍속 ③: 추석의 강강술래
련이 있다. 당시 우리는 쳐들어오는 왜적과 맞서 싸울 군사가 너무 적었다. 그러자 이순신은 마을 여자들을 불러 모은
후 그들에게 남자 차림을 하고 산을 빙빙 돌라고 하였다. 멀리서 이 모습을 본 왜적은 "조선에 군사가 너무 많군." 하며
놀라 도망을 갔다. 여자들이 손을 잡고 빙빙 원을 그리며 도는 강강술래는 여기에서 시작됐다고 전해진다. 한편 옛날
강강술래의 의미
사람들이 추던 춤에서 강강술래가 생겼다는 이야기도 있다.   ▶ 여자들이 손을 잡고 원을 그리며 강강술래를 하던 추석의 세시 풍속

5 양력 12월 22일이나 23일인 동지에는 팥죽을 쑤어 먹는다. 왜 팥죽을 먹게 되었을까? 동지는 일 년 중 낮이 가장
세시 풍속 ④: 동지의 팥죽 먹기   동지의 의미
짧고 밤이 가장 긴 날이다. 우리 조상들은 밤이 길면 귀신의 힘이 세진다고 믿었다. 그래서 귀신을 쫓아내려고 귀신이
싫어하는 붉은색을 띠는 팥으로 동지에 팥죽을 만들어 먹게 되었다. 우리 조상들은 팥죽을 먹을 뿐만 아니라 대문이나
동지에 팥죽을 먹게 된 까닭
벽에 뿌리기도 했는데, 귀신이 팥죽의 붉은색을 보고 도망가게 하기 위해서였다. '동지 팥죽을 먹어야 한 살을 먹는다.'
라는 말도 있는데 이는 동지를 설날 전에 있는 '작은 설'로 중요하게 여겼기 때문이다. ▶ 귀신을 쫓기 위해 팥죽을 먹던 동지의 세시 풍속

≫ 글 내용 한눈에 보기 •••

본문 81쪽

1 체   **2** 창포   **3** 추석   **4** 팥죽

◀ 글을 이해해요 ▶

☑ 자기 평가

본문 82쪽

01 (내용 이해)
⑤   ○ ✕

02 (내용 이해)
강강술래   ○ ✕

03 (내용 추론)
④   ○ ✕

04 (중심 내용 쓰기)
우리나라의 대표적 세시 풍속에는 설날의 야광귀 쫓
기, 단오의 창포물에 머리 감기와 씨름하기, 추석의 강
강술래, 동지의 팥죽 먹기가 있다.   ○ ✕

01 야광귀에게 신발을 빼앗기지 않기 위해 신발을 숨겨 놓거나 뒤집어 놓았던 것은 추석이 아니라 설날의 세시 풍속이에요.

(오답 풀이)
①, ② 3문단에서 단오에는 여자들이 창포물에 머리를 감고, 남자들이 모래밭이나 잔디밭에서 씨름을 하며 서로 힘을 겨룬다고 했어요.
③ 5문단에서 동지에는 붉은색을 띠는 팥으로 팥죽을 쑤어 먹거나, 팥죽을 대문이나 벽에 뿌려서 귀신을 쫓아낸다고 했어요.
④ 2문단에서 설날에는 야광귀라는 귀신을 쫓기 위해 문에 체를 걸어 놓는다고 했어요.

(이럴 땐 이렇게!) 이 글에서는 크게 네 가지 세시 풍속에 대해 설명하고 있어요. 그러니 각 세시 풍속의 내용을 정리하면서 글을 읽으면 답을 쉽게 찾을 수 있어요.

02 4문단에서 추석에는 여자들이 손을 잡고 빙빙 원을 그리며 도는 강강술래를 하는데, 이는 조선 시대 이순신 장군의 일화에서 시작됐다는 이야기가 전해진다고 했어요.

03 팥은 붉은색을 띤 곡식이에요. 5문단을 보면 우리 조상들은 귀신이 붉은색을 싫어한다고 생각해서 팥으로 팥죽을 만들어 먹으며 귀신을 쫓으려고 했음을 알 수 있어요.

(이럴 땐 이렇게!) 글에서 질문 바로 뒤에 그에 대한 답이 제시되지 않을 수 있어요. 그럴 때는 그 문단의 내용을 다 읽어 보고 질문에 대한 답을 파악하는 것이 좋아요.

04 이 글은 설날, 단오, 추석, 동지의 세시 풍속과 그 유래 등에 대해 설명한 글이에요.

◀ 어휘를 익혀요 ▶

본문 83쪽

01 **1** ㄱ   **2** ㄷ   **3** ㄴ   **02** **1** 기원   **2** 풍속   **3** 쑤어   **03** **1** 민간   **2** 차림   **3** 왜적

설문대 할망 이야기

본문 84~85쪽

> **코칭 Tip** 이 글은 제주도의 여러 지형과 관련하여 전해 내려오는 설문대 할망 이야기입니다. 설화와 관련한 제주도 지형들의 모습을 상상하며 글을 읽을 수 있도록 합니다.

1 제주도에는 그 지형과 관련하여 오늘날까지 전해 내려오는 한 설화가 있다. 온 세상을 다스리는 신인 옥황상제에게는 자식이 여럿 있었다. 설문대 할망은 그중 셋째 딸이었다. 설문대 할망은 몸집이 엄청나게 컸다. 어찌나 몸집이 컸
_{중심인물}
는지 아무리 깊은 바다라도 무릎밖에 안 잠길 정도였다. 그런데 어느 날, 설문대 할망이 바다를 보니 아무것도 없어서
_{설화의 허구성, 비현실성이 드러남}
밋밋하게 느껴졌다. 그래서 바다 가운데에 섬을 하나 만들었는데, 그게 바로 제주도이다. 그렇게 일단 섬을 만들기는
_{: 설문대 할망이 만든 곳}
했는데, 아무것도 없으니 허전해서 설문대 할망은 치마에 흙을 담아 날랐다. 제주도 가운데에 흙을 쏟아부으니 그것은
높디높은 한라산이 되었다. ▶ 옥황상제의 셋째 딸로 제주도와 한라산을 만든 설문대 할망

2 그런데 설문대 할망은 몸집이 큰 탓에 옷을 자주 만들어 입지 못했다. 그래서 한라산을 만들다가 치마가 낡아 찢어진 틈으로 흙이 새어 나갔고, 흙이 떨어진 곳마다 오름이 생겼다. 이렇게 생긴 오름은 300개가 넘었다. 설문대 할망은
_{'산', '산봉우리'의 제주도 방언}
피곤해서 눕고 싶었지만 뾰족한 한라산이 머리를 찌르자 주먹으로 산봉우리를 딱 하고 쳤다. 그랬더니 한라산 꼭대기
_{설문대 할망의 몸집이 너무 크기 때문} _{산에서 뾰족하게 높이 솟은 부분}
가 움푹 들어가 백록담이 되었다. 이제 머리는 편하게 되었는데, 이번에는 다리를 둘 곳이 없었다. 설문대 할망은 이리
_{한라산 꼭대기에 있는 화산 분화구에 생긴 호수}
저리 움직이다가 발가락 두 개로 제주 남쪽 바다에 있는 범섬을 찔렀다. 그리하여 지금도 범섬에는 설문대 할망이 찔러
_{서귀포 앞바다에 있는 무인도}
서 생긴 콧구멍 동굴이 있다. ▶ 설문대 할망이 누우면서 생긴 백록담과 콧구멍 동굴

3 설문대 할망은 옷이 너무 낡아서 속옷이라도 하나 만들어 입어야겠다고 생각하고 제주 사람들을 불러 말했다.

"속옷을 지어 주면 육지에 닿을 수 있게 다리를 놓아 주마."

사람들은 설문대 할망의 속옷을 만들기 위해 부지런히 천을 모았다. 하지만 설문대 할망의 속옷을 만들려면 명주
_{제주 사람들은 육지를 오고 가고 싶어 했음}
100동이 필요한데 아무리 모아도 명주가 99동밖에 되지 않았다. 결국 속옷을 만들지 못했고, 실망한 할망도 다리 만드는 걸 그만두었다. 제주도 북쪽에는 이때 설문대 할망이 다리를 만들다 그만둔 관곶이라는 곳이 있다.
▶ 명주 한 동이 모자라서 만들지 못한 설문대 할망의 속옷

4 설문대 할망은 설문대 하르방과 만나 아들 500명을 낳고 한라산에서 살았다. 그러던 어느 날, 아들들이 음식을 구하러 나간 사이 죽을 끓이던 설문대 할망이 실수로 솥에 빠져 죽고 말았다. 아들 500명은 집에 돌아와 죽을 먹었는데, 뒤늦게 돌아온 막내아들이 죽을 젓다가 설문대 할망의 뼈를 발견하였다. 막내아들은 땅을 치며 통곡했고 형들도 슬퍼서 울며불며 난리가 났다. 형제들은 울다가 몸이 굳어 바위가 되었고, 막내아들은 서쪽 바다로 달려가며 울다가 차귀도
_{오백 장군 바위의 탄생 설화}
에서 바위가 되었다. 지금도 한라산과 차귀도에 가면 설문대 할망의 아들들이 죽어서 된 오백 장군 바위가 있다.
▶ 설문대 할망의 죽음과 오백 장군 바위가 된 500명의 아들

≫ 글 내용 한눈에 보기 •••

본문 85쪽

1 제주도 **2** 흙 **3** 오름 **4** 발가락 **5** 관곶

◀ 글을 이해해요 ▶

☑ 자기 평가

본문 86쪽

01 (내용 추론)
③

◯ ✕

02 (내용 이해)
⑤

◯ ✕

03 (내용 추론)
⑤

◯ ✕

04 (중심 내용 쓰기)
　제주에는 제주도, 한라산, 오름, 백록담, 관곶, 오백 장군 바위 등의 지형들과 관련된 <u>설문대 할망 이야기 (설화)가 전해진다.</u>

◯ ✕

01 설문대 할망은 몸집이 컸기 때문에 옷을 자주 만들어 입지 못했어요.

（오답풀이）
① 설문대 할망은 제주도와 한라산을 만들었어요.
② 설문대 할망은 깊은 바다라도 무릎밖에 안 잠길 정도로 몸집이 컸어요.
④ 설문대 할망은 한라산의 산봉우리를 주먹으로 친 후에 한라산을 머리에 베고 누웠어요.
⑤ 설문대 할망은 제주 사람들에게 자신의 속옷을 만들어 주면 제주와 육지를 잇는 다리를 놓아 주겠다고 했어요.

02 오백 장군 바위는 설문대 할망의 아들들이 설문대 할망의 죽음에 슬퍼하며 울다가 몸이 굳으면서 된 바위라고 했어요.

（오답풀이）
① 오름은 설문대 할망이 한라산을 만들다가 치마가 낡아 찢어진 사이로 흙이 떨어지면서 만들어졌어요.
② 백록담은 설문대 할망이 주먹으로 한라산 산봉우리를 쳐서 꼭대기가 움푹 들어가면서 만들어졌어요.
③ 한라산은 설문대 할망이 제주도 가운데에 흙을 쏟아부어서 만들었어요.
④ 콧구멍 동굴은 설문대 할망이 발가락 두 개로 범섬을 찔러서 만들었어요.

03 ㉠의 이유는 설문대 할망이 제주 사람들에게 한 말에서 알 수 있어요. 할망은 속옷을 만들어 주면 육지와 닿을 수 있도록 다리를 만들어 주겠다고 했는데, 사람들은 명주가 모자라 속옷을 만들지 못했어요.

04 이 글은 제주도와 제주도의 여러 지형들이 어떻게 생겨났는지에 관해 전해 내려오는 설문대 할망 이야기(설화)예요.

◀ 어휘를 익혀요 ▶

본문 87쪽

01 **1** ◯ **2** ✕ **3** ◯　　**02** **1** 지형 **2** 오름 **3** 울며불며　　**03** **1** 통곡 **2** 밋밋

실력 확인

△ 글의 문단별 내용을 정리하고 주제를 써 보아요.

01 우리가 꿈꾸는 놀이터 만들기

본문 8~9쪽

- **1문단** 오늘 미 술 시간에 있었던 일
- **2문단** 일주일 전에 있었던 일
- **3문단** 놀이터 만들기 활동에 대한 윤진이의 기 대
- **4문단** 오늘 미술 시간 발 표 중 있었던 일
- **5문단** 선생님이 윤진이에게 해 준 칭 찬

- **주제** '우리가 꿈꾸는 놀 이 터 만들기' 활동을 하며 있었던 일

02 자전거, 알아야 안전해요

본문 12~13쪽

- **1문단** 자전거를 탈 때 조심해야 할 점 ①: 자신의 몸 에 맞는 자전거 타기
- **2문단** 자전거를 탈 때 조심해야 할 점 ②: 자전거 상태 점검하기, 보 호 장 비 착용하기
- **3문단** 자전거를 탈 때 조심해야 할 점 ③: 안 전 한 장소에서 자전거 타기
- **4문단** 자전거를 탈 때 조심해야 할 점 ④: 자전거 표 지 판 을 잘 살피며 자전거 타기

- **주제** 자 전 거 를 탈 때 안전을 위해 조심해야 할 점

03 하늘에서 본 우리 동네

본문 16~17쪽

- **1문단** 지도를 만드는 목적과 지도에 표시할 장 소 를 정하기 위해 논의함
- **2문단** 국토 정보 플랫폼 누리집에서 마을 지도를 만들기 위한 백 지 도 를 찾음
- **3문단** 일반 지도와 영 상 지도를 함께 보며 지도에 표시할 장소를 확인함
- **4문단** 마을 지도에 알맞은 기 호 로 장소를 표시함

- **주제** 마을 지도를 만드는 과 정

4 서연이에게 보내는 편지

본문 20~21쪽

1문단 인 사 말 과 편지를 쓰게 된 이유

2문단 서연이의 고민에 대한 공감

3문단 친 구 를 도와주는 고래와 해달 이야기

4문단 고래와 해 달 이야기를 통한 조언

5문단 끝인사

주제 친구 사귀기에 어려움을 겪고 있는 서연이에게 건네는 위로와 조 언

5 우연히 만들어진 안전유리

본문 24~25쪽

1문단 안 전 유 리 의 개념

2문단 안전한 유리를 개발하고자 했으나 실 패 를 거듭한 베네딕투스

3문단 우연한 계기로 안전유리 발명의 실마리를 얻게 된 베네딕투스

4문단 안전유리의 쓰 임 과 가치

주제 안 전 유 리 를 발명하게 된 과정

6 이제부터 집중할 거야

본문 28~29쪽

1문단 공 부 만 하려고 책상 앞에 앉으면 생각나는 딴 일

2문단 집중력을 높이는 방법 ①: 공부를 규칙적인 습 관 으로 만들기

3문단 집중력을 높이는 방법 ②: 공부하는 중간에 쉬면서 스 트 레 칭 하기

4문단 집중력을 높이는 방법 ③: 처음에는 집중하는 시간을 짧 게 잡고 점차 늘리기

주제 공부할 때 집 중 력 을 높일 수 있는 방법

실력 확인

실력
확인
90쪽

○7 도서관에 가자

본문 32~33쪽

① 문단 도서관 이용 시 지켜야 할 [예][절]

② 문단 도서관에서 [책]을 찾는 방법

③ 문단 [도][서][청][구][기][호]의 개념과 도서 청구 기호가 나타내는 내용

④ 문단 도서관에서 책을 [대][출]하는 방법

✅ 주제 [도][서][관]을 이용하는 태도와 방법

○8 키우지 않는 용기

본문 36~37쪽

① 문단 반려동물 중 [고][양][이]를 기르는 사람이 많아진 현실

② 문단 반려동물의 [평][생]을 책임지겠다는 마음가짐의 필요성

③ 문단 반려동물을 잘 키울 수 있다는 자신감보다 더 필요한 '[키][우][지] 않는 용기'

④ 문단 글쓴이의 제안: 버려진 고양이 입양하기, 구조된 고양이 [후][원]하기

✅ 주제 고양이를 키우기 위한 [마][음][가][짐]

○9 세계의 아침 식사

본문 40~41쪽

① 문단 [아][침][식][사]의 중요성

② 문단 [미][국]의 아침 식사

③ 문단 중국의 아침 식사

④ 문단 [터][키]의 아침 식사

✅ 주제 [세][계]의 다양한 아침 식사 메뉴

10 가난한 양반 형제 이야기

본문 44~45쪽

1문단 돈 을 벌기 위해 혼자 마을을 떠난 동생

2문단 오랜만에 만난 형제간의 오 해

3문단 오해를 풀고 화해하는 형과 동생

주제 가난한 양반 형제의 우 애

11 서울은 왜 서울일까

본문 48~49쪽

1문단 우리나라의 수도인 '서 울'에 대한 궁금증

2문단 시대에 따라 다른 이 름 으로 불린 지금의 서울 지역

3문단 '서울'이라는 이름의 유래 ①: 신 라 의 옛 이름인 '서라벌', '서벌'

4문단 '서울'이라는 이름의 유래 ②: '눈이 만들어 준 울타리'라는 뜻의 '설 울'

주제 서울 지역의 이름 변화와 '서울'이라는 이름의 유 래

12 조선 시대의 냉장고

본문 52~53쪽

1문단 조선 시대에 얼음을 보관하던 얼음 창고인 석 빙 고

2문단 석빙고가 반 지 하 에 지어진 이유와 외부 특징

3문단 석빙고의 내부 특징

4문단 석빙고가 지어진 장소에서 알 수 있는 조상들의 슬 기

주제 조선 시대에 얼 음 을 보관하던 창고인 석빙고의 제작 원리

실력 확인

13 분수와 소수, 무엇을 쓸까

본문 56~57쪽

1 문단 전체에 대한 부 분 을 표현할 때 사용하는 분수

2 문단 1 보다 작은 부분을 나타낼 때 소수점 뒤에 숫자를 적어 표현하는 소수

3 문단 부분의 값을 표현하기 유용한 분 수 와, 크기를 비교하기 쉬운 소 수

✎ 주제 분 수 와 소 수 의 특징과 쓰임

14 금성, 어디까지 알고 있니

본문 60~61쪽

1 문단 태양계의 두 번째 행성인 금성

2 문단 지 구 와 가장 가까이 있는 행성인 금성

3 문단 여러 가지 이 름 으로 불린 금성

4 문단 표 면 이 매우 뜨거운 금성

5 문단 생 명 체 가 살 가능성이 매우 낮은 금성

✎ 주제 금 성 의 다양한 특징

15 수화로 숫자 표현하기

본문 64~65쪽

1 문단 수 화 의 개념과 사용자

2 문단 숫 자 수화 표현을 위해 손가락에 정하는 순번

3 문단 수화로 숫자 1~10을 표현하는 방법

4 문단 한국 수어의 높아진 위 상 과 간단한 수화를 배우면 좋은 이유

✎ 주제 수화의 개념과 수화로 숫 자 를 표현하는 방법

16 편두통의 원인과 예방법

본문 68~69쪽

1 문단 편 두 통 의 개념

2 문단 편두통이 생길 수 있는 다양한 경우

3 문단 긴 장 에 의한 두통과 음 식 에 의해 유발되는 편두통

4 문단 편두통을 예 방 하는 방법

✔ **주제** 편두통의 원 인 과 예방법

17 위대한 과학자, 마리 퀴리

본문 72~73쪽

1 문단 뛰어난 과학자인 마 리 퀴 리 에 대한 소개

2 문단 폴로늄과 라듐 연구로 노벨 물 리 학 상 을 받은 퀴리 부부

3 문단 라듐 연구로 노벨 화학상을 받았지만 방 사 선 때문에 병에 걸린 마리 퀴리

4 문단 위험을 무릅쓰고 죽을 때까지 방 사 능 연구를 계속한 마리 퀴리

✔ **주제** 위대한 업적을 이룬 과 학 자 마리 퀴리의 삶

18 숨 쉴 수 있는 이유

본문 76~77쪽

1 문단 지구를 둘러싼 다양한 기체인 대 기 및 대기권의 의미

2 문단 기상 현상이 일어나는 대 류 권 과 오 존 층 이 있는 성층권

3 문단 유성, 야 광 운 을 볼 수 있는 중간권과 오로라 현상이 나타나는 열 권

4 문단 생 명 이 살아갈 수 있도록 다양한 역할을 하는 대기권

✔ **주제** 대 기 권 을 구성하는 네 가지 층의 특징 및 대기권의 역할

실력 확인

19 세시 풍속이 궁금해

본문 80~81쪽

①문단 세 시 풍 속 의 개념

②문단 야광귀를 쫓기 위해 문에 체 를 걸어 놓았던 설날의 세시 풍속

③문단 여자는 창포물에 머리를 감고 남자는 씨름을 하던 단 오 의 세시 풍속

④문단 여자들이 손을 잡고 원을 그리며 강 강 술 래 를 하던 추석의 세시 풍속

⑤문단 귀신을 쫓기 위해 팥 죽 을 먹던 동지의 세시 풍속

주제 세 시 풍 속 의 개념과 우리나라의 대표적인 세시 풍속

20 설문대 할망 이야기

본문 84~85쪽

①문단 옥황상제의 셋째 딸로 제 주 도 와 한라산을 만든 설문대 할망

②문단 설문대 할망이 누우면서 생긴 백 록 담 과 콧구멍 동굴

③문단 명주 한 동이 모자라서 만들지 못한 설문대 할망의 속 옷

④문단 설문대 할망의 죽음과 오 백 장 군 바 위 가 된 500명의 아들

주제 제주도 여러 지형과 관련하여 전해 내려오는 설 문 대 할 망 이야기